나를 바꾸는 행복한 재정습관

이상한
가계부

나를 바꾸는 행복한 재정습관

이상한 가계부

정동훈 · 이상호 지음

프로방스

팔(Pal) 이야기

몇 년 전, 인도를 여행할 때의 일이다. 하루는 택시를 빌려 시내 관광을 하게 되었다. 택시회사의 이름이 특이했다. 'Arrow Taxi'였다. 쏜 살 같이 달리는 택시라는 말인가? 운전기사의 이름은 Pal이었다. 콜카타 외곽에서 어머니와 아내, 자녀 셋과 함께 행복하게 살고 있다고 했다. 가족을 부양하기 위해서 하루에 서너 시간만 자고 일을 한다고 했다.

점심 식사 할 곳을 추천해 달라고 했더니 채식주의자냐고 물었다. 채식주의자? 좀 생소했다. 그때만 하더라도 우리나라에는 채식주의자가 거의 없을 때였기 때문이다. 그런 사람이 있느냐고 묻자, 자신과 가족은 고기와 생선을 먹지 않는다고 했다. 그래서 나는 '참 안됐군요'라고 했다. 그랬더니 팔은 '아니요, 나는 괜찮아요. 우리 가족은 단지 채식주의자예요'라고 대답했다.

그때 나는 그와 가족이 가난하기 때문에 고기와 생선을 먹을 수 없는 것으로 생각했던 것이다.

그러나 그건 단지 그들이 원하는 식사방법이었다는 것을 이제는 이해할 수 있다. 내 몸이 원하는 건강한 식사는 내 몸에 맞는 음식이지 꼭 비싼 음식일 필요는 없다.

비싼 음식을 좋은 음식이라고 여기는 시각은 특히 재정과 관련된 문제에서도 잘 나타난다. 맹목적으로 많은 돈을 쫓는 세태는 자신의 삶이 원하는 것이 무엇인지도 모르고 엉뚱한 곳에 시간과 에너지를 쏟아 넣게 하고, 점점 더 돈으로 인한 문제에 빠져 들게 함으로 불만족스러운 삶으로 끌고 들어간다.

네 가지 욕구의 균형

사람에게는 네 가지 욕구가 있으며 균형 있는 실천과 쇄신을 통해 가치 있고 만족스러운 삶을 살 수 있다고 스티븐 코비박사는 강조한다. 네 가지 욕구는 아래와 같이 요약할 수 있다.

사는 것	신체적/재정적 욕구	건강, 재정안정
사랑하고 받는 것	사회/감정적 욕구	대인관계, 조직
사고하고 배우는 것	정신적/지적 욕구	배움, 성장
사회에 유산을 남기는 것	영적 욕구	공헌, 봉사

중요한 것은 균형이다.

이상한

은퇴 후의 생활을 생각해보자. 건강하지 못하면 행복하지 못할 것이다. 건강한데 재정적으로 어려워도 행복하기는 어렵다. 건강하고 재정적으로 안정되어 있어도 가족과의 관계가 좋지 않으면, 또 친구나 사회로부터 소외되어 외로운 삶을 살고 있다면 결코 행복할 수 없다. 새로운 것에 대한 호기심도 없고 자신이 살아온 삶을 통해 얻게 된 것들을 나누지 못한다면 무슨 의미가 있겠는가? 이렇듯 인간이 가지고 있는 욕구의 어느 부분이든 충족되지 않았을 때 보람과 성취감, 삶에 대한 만족도가 현저하게 떨어지게 된다는 것을 알 수 있다.

이 욕구들은 상호보완적이며 영향을 주고 받는다. 그래서 어떤 부분의 미숙이 다른 부분에 강력하게 영향을 주어 삶을 송두리째 불안정하게 하기도 한다. 특히 재정적인 불만족으로 인해 다른 욕구마저 지장을 받는 경우가 많다. 더 나아가 모든 삶의 중요한 요소들을 재정적인 문제로 귀결짓는 경우도 많다.

돈에 너무 매몰되는 삶으로부터 해방되고 총체적인 인생의 관점과 삶의 본질적 목적인 행복을 추구하자는 관점에서 재정문제를 생각해 보고자 하는 것이 이 책을 쓰게 된 첫 번째 이유이다.

불행한 인생 시나리오

사람은 누구나 자신이 바라는 삶이 있다. 그리고 그런 삶을 살 때 행복하다. 지금 우리는 어떤가?

초등학교에 입학하기도 전 조기교육으로 시작하여 대학 입시로 마무리되는 교육 열풍, 특히 비교에서 비롯되는 사교육의 병폐는 매우 심각하다.

교육비 부담, 주택가격 상승, 노후준비 부족, 빈부격차 심화 등의 문제들이 꼬리를 물고 일어난다. 좋은 대학으로의 진학이 어느 정도 미래를 보장 받을 수 있다는 기대가 팽배하기 때문이다. 대학교육의 본질이 시작부터 왜곡되고 있다고 볼 수 있다.

비싼 대학 등록금은 사회에 나서기도 전에 빚쟁이를 양산하고 있다. 대학이 선택적 경험으로 인식되는 선진사회보다 경력의 일환으로 이해하는 우리 사회의 정서에서 대학진학은 거의 필수적이며 그러므로 진학률 또한 높다는 데 문제의 깊이를 더한다. 자신이 선택한 것이므로 자신이 책임져야 한다는 자주성으로부터 어느 정도의 탈출이 보장된 셈이기도 하다.

어려운 관문을 통과하여 비싼 비용을 지불 한 것 치고 좋은 대우를 받지 못하는 것이 더 억울하고 안타까운 일이다. 청년실업률은 낮아질 줄 모른다. 새로운 일자리를 창출해 주겠다는 남발된 선거공약 못지 않은 본질적인 문제는 전인교육에서 너무도 멀리 벗어난 입시위주의 교육제도에 있다. 풍요로움이 가져다 준 편식과 비만 등은 머리로만 받아들이는 눈앞의 만족이 고통과 인내의 과정을 넘어 설레는 가슴으로 만나는 미래의 삶의 가치를 받아들이기에 버겁다. 기업을 경영하는 사람은 일할 사람이 없고 일자리를 구하는 사람은 일할 곳이 없다는 모순에 빠질 수 밖에 없는 것은 너무나 당연한 일이다. 요즘 젊은 세대에게서 나중에 달콤한 것을 먹기 위해 지금 덜 맛난 음식을 기꺼이

이
상
한

먹을 수 있는 정서를 찾기는 쉽지 않은 것 같다.

만혼과 만산, 그리고 낮은 출산율은 번호표를 뽑아 순번을 기다리는 손님처럼 대기하고 있다.

더 불편한 사실은 이 과정이 반복된다는 것이다. 전차를 밟도록 길들어진 관성의 고리를 끊을 지혜와 용기는 허락되지 않는 걸까. 사교육과 주택마련 비용, 그리고 의지와 관계없이 물러나야 하는 익숙한 일과 일터. 잘 키운 자녀가 연금을 대신할 수 없는 현실 속에서 준비되지 않은 장수. 이것이 현실이고 우리가 원하지 않는 불행한 인생 시나리오다.

이 시대를 살아가는 이들의 공통된 현안이지만 누구도 쉽게 해결할 수 없는 민감한 문제들이다. 사교육비를 줄여 노후준비를 하지 않으면 미래가 없다는 주장에 공감하지만 잠시라도 한 눈 팔면 뒤처지고 마는 치열한 경쟁 가운데에서 우리 자녀만 더 힘들어지는 것이 아닌가 생각하는 부모의 심정을 이해하지 않을 수 없다.

집에 대한 집착이 다음 세대에게 집을 사기 버겁게 만들고 자산 증식에 대한 맹목적 욕심이 다음 세대에게 재정적으로 독립하기 어려운 사회 구조를 남겨주는 것은 아닌지 생각해본다. 상생이 결여된 미래를 위한 노력이 깊은 늪 속으로 점점 끌려 들어가게 하는 것은 아닌가 하는 생각이 든다.

삶의 질을 심각하게 저하시키는 이 모든 문제의 중심에는 돈이 자리잡고 있다. 누구도 거역할 수 없는 현실을 좀 더 지혜롭게 해결 할 방법은 없을까에 대한 고민이 이 책을 쓰게 된 두 번째 이유이다.

돈 관리에 대한 잘못된 생각과 방식

키는 170cm에 몸무게가 85kg쯤 되고 배가 출산을 앞둔 임산부처럼 나온 40대 중반의 남성을 상상 해 보라. 그는 고지혈증이나 당료와 같은 증세가 나타나기 시작했고, 쉽게 지치고 피로해지며 일상으로부터 어디론가 도피하고 싶은 경우도 늘고 있다. 버스나 지하철을 타서 자리를 얻게 되면 안도하며, 금방 고개를 떨구고 남들의 시선에는 아랑곳 하지 않고 졸고 있다. 휴일에는 많은 시간을 잠으로 채우고 어떤 일이나 행사가 달갑지 않다.

흔히 만날 수 있는 약간 비만의 평범한 사람이다. 이 사람은 건강하고 활력 있는 생활을 위해 10kg 정도의 체중을 줄이려고 한다. 가장 효과적인 방법은 무엇일까?

단식과 같은 방법은 어떨까? 10일쯤 굶는다면 가능하지 않을까? 잠시 체중을 줄이는 데는 효과가 있을 것 같다. 그러나 그로 인한 부작용도 감수해야 할 것이고 지속적으로 유지하는 데는 다른 방법이 필요할 것 같다.

지금의 몸과 건강상태는 하루 아침에 만들어진 것이 아니라는 것을 모르는 사람은 없을 것이다. 오랜 세월 형성된 식습관, 운동습관, 생활습관, 사고방식 등이 총체적으로 작용하여 만들어진 현상을 급진적인 1회성 응급처방으로 해결하겠다는 것은 매우 우스운 일이다.

재정문제에 있어서도 마찬가지다. 만성적이고 고질적인 골치거리를 쉽게 해결할 수 있다면 누가 못하겠는가? 잘못된 지도로 길을 헤매는 것처럼 잘못된 생각과 방식으로는 재정문제를, 그것도 급진적으로 해결할 수 없다는 사고의 전환과 구체적인 방법적 대안을 제시하고자 하는 것이 이 책을 쓰게 된 세 번째 이유이다.

반가운 손길

이 책은, 뿌리가 사과나무인데 노력하면 감을 얻을 것이라고 말하지 않는다. 먼저 내 뿌리가 무엇인지 발견하도록 안내 할 것이다. 당신의 삶에서 가장 소중한 것이 무엇이고 그것을 실현시키는데 재정관리의 초점을 맞추도록 도울 것이다.

또한 이 책은 재정에 관한 정보만 있으면 멋지게 계획을 세워줄 수 있다고 말하는 기교 중심의 재테크 서적이나 재무설계 서적과는 근본적으로 다르다. 당신은 돈이 목적이고 주인이 되는 돈 중심의 삶이 아니라, 당신이 진정 원하는 삶이 중심이 되고 돈이 수단이 되어 오히려 돈으로부터 자유로운 행복한 삶을 바라고 있지 않는가? 재정문제를 다룰 때 돈 자체만을 말하는 것은 명백하게 한계가 있다. 그래서 나는 삶을 먼저 살펴보고 그 삶에 돈을 접목시키는 것이 더 현명한 방법이라고 확신한다. 그리고 사람들이 끊임없이 돈에 매몰되어 가지 않기를 바란다. 그 무엇으로도 대체할 수 없는 각자의 삶이 더 소중하기 때문이다.

나 자신도 재정에 관한 조언을 해주는 사람으로써 어떻게든 세금을 줄일 수 있는 방법이나 투자 수익을 높여주는 방법으로 많은 사람들의 재산을 늘려 주었다는 이야기를 들을 수는 없을 것이다. 알 수 없는 미래를 예측하며 어떻게든 자산을 키워주겠다고 말하고 싶지도 않고 그럴 능력도 없기 때문이다. 그리고 나를 통해 재정에 관한 도움을 받는 고객들도 온갖 수단을 동원하여 재산을 늘리고 자식들에게 더 많은 재산을 남겨준 사람으로 기억되고 싶지는 않을 것이다. 열정적으로 살았고 많은 사람들의 삶에 선한 영향을 준 사람으로 기억되고 싶을 것이다.

나의 역할은, 많은 이들에게 오랫동안 사람들의 기억 속에 살아 있는 아름다운 삶을 살도록 미력이나마 돕는 것이다.

나는 특별한 성공의 비법을 가지고 있지 못하다. 다만 원칙 중심의 재정관리를 통해 누구든지 자신의 처지와 방식으로 자신의 삶을 변화시켜 나가도록 안내할 것이다. 그러므로 이 책은 저자에 의해 쓰여지기 시작했지만 독자에 의해 완성 될 것이다. 독자와 공저인 셈이다. 이 책의 첫 번째 수혜자는 우리가 될 것이고 그 다음은 이 책을 읽고 실천하는 사람들이 될 것이다.

이 책을 통해 건전한 재정에 대한 새로운 시각을 갖고 삶에 적용하여 조금씩 자신이 바라던 모습으로 바뀌어 갈 때 하루 하루의 일상이 행복으로 다가올 것이며 한 권 한 권의 책이 기쁨과 애환으로 가득한 감동적인 완성 책이 될 것이리라.

미약하지만 벼랑 끝에 서 있을 때 만나는 반가운 손길이 되었으면 한다.

　대부분의 사람들은 재테크가 작은 돈을 가지고 큰돈을 버는 뻥튀기라고 생각하는 경향이 있다. 또한 상당한 기간을 대학에서 재무설계에 대한 강의를 하면서 학생들 또한 다르지 않게 생각하고 있다는 것을 느끼게 되었다.

　다들 더 많이 벌고, 주식이나 부동산 투자를 통해서 재산 부풀리기 일명 뻥튀기를 하고자 하지만 우선 더 많이 버는 것은 매우 쉽지 않은 일이고, 뻥튀기를 하고자 하더라도 최소한의 종자돈이 필요하다. 그리고 그 종자돈이 하늘에서 떨어지거나 땅에서 솟아 나오지도 않기 때문에 그것 또한 내가 만들어야 하는 것이다. 그런데 항상 부족해서 겨우겨우 이어지는 빠듯한 살림살이에서 어떻게 무엇을 줄여서 종자돈을 만든단 말인가? 따라서 사람들이 재테크에 관심을 가지게 되는 것은 당연한 일이다.

　세계 최고의 인터넷 검색엔진인 구글에서 재테크를 검색해 보니 약 2,620만개의 관련 글들이 검색된다. 이것은 재테크가 얼마나 사람들의 큰 관심거리인지를 단적으로 보여주는 사례일 것이다. 이렇게 사람들이 재테크에 많은 관

심을 가지기 때문에 우리주변에는 정말 많은 다양한 재테크 관련 서적이 넘쳐
난다. 돈을 벌기 위해서, 또는 돈을 모으기 위해서 먼저 읽어야 하는 책으로
다양한 책들이 노하우를 전수하고 있다. 금융환경이 급변하는 현대 사회에서
재무에 관한 지식은 사회생활에 있어서 경제적 안정을 확보하는데 매우 중요
한 무기가 될 수 있다. 우리나라도 금융과 관련된 다양한 사회문제가 끊이질
않고 발생하고 있어 개인의 금융에 대한 지식은 자신의 경제적 안정을 위협하
는 요인에 대한 최소한의 방어라는 차원에서도 매우 중요하다.

그러나 시중에 넘쳐나는 재테크 책들이 대부분 노하우에 관한 책이 대부분
이다. 많은 책들이 다양한 노하우를 가르쳐 주지만 이런 책들을 접하면서 항
상 아쉬운 점은 가장 기본이 되는 그 무언가가 빠져 있다는 것이었다.

세상에서 돈은 없어서는 안 되는 매우 필요한 것이지만 돈이 결코 목적이
될 수 없기 때문에 돈을 버는 것은 "많이 벌어야겠다"가 목표가 아니고 "무엇
을 하기 위해서 돈을 벌어야겠다"이어야 한다. 그러려면 무엇보다도 자신의
삶의 목표가 정확하게 정립이 되고 그에 맞는 삶의 방식이 결정되어야 하며
이어서 자연스럽게 돈을 쓰는 방식이 결정이 되어야 한다.

재테크를 시작하는 첫걸음이 가계부쓰기라는 이야기는 매우 기초적인 이
야기이다. 그러나 재테크에 관심을 가진 사람이 매우 많음에도 불구하고 그렇
게 기본이라고 하는 가계부쓰기에 성공하는 사람은 많지 않다. 왜냐하면 가계
부를 단순하게 수입과 지출의 흐름을 기록하고 수지를 맞추는데 기계적으로
사용하기 때문이다.

재무설계를 오랫동안 가르치면서 진정으로 재무설계에 성공하려면 그 무엇보다도 자신의 삶의 목표가 분명해야 하고 재무설계는 이 삶의 목표를 성공적으로 달성하기 위한 보조 수단이라는 점을 명확하게 해야 한다는 것을 알게 되었고, 가계부를 효과적으로 사용하는 것이 무엇보다도 중요하다는 것을 알고 있었지만 이러한 것이 잘 접목되어 일반인이 쉽고 효율적으로 재무설계를 시작하게 하는 책이 없다는 점이 매우 아쉬웠었다.

그런데 정동훈 선생님이 〈 이상한 가계부 〉를 출간하게 되었다면서 원고를 가지고 왔다. 책 제목이 다른 사람에게는 낯설지 모르겠으나 나는 제목을 접하는 순간 바로 그 동안 내가 아쉬워했던 부분을 제대로 긁어주는 책이겠구나 하는 생각을 하게 되었고, 책을 읽어 나가면서 내 생각이 틀리지 않음을 확인할 수 있었다.

단순히 돈을 모으는 노하우를 전달하는 책이 아니라 무엇보다 중요한 삶의 철학을 정립하고 그것을 어떻게 자신의 평생의 재무설계와 연결시킬 것인가를 아주 잘 설명해주는 책이기 때문에 정말 재테크에 관심을 가지는 사람이라면 누구나, 아니 욕심 같아서는 대한민국 사람 모두에게 읽히고 싶은 책이다.

모쪼록 이 책을 통해 많은 분들이 올바른 재테크를 제대로 시작할 수 있길 기대해 본다.

순천대학교 소비자학과 교수

김혜선

내가 내 삶의 주인이 되는 과정에서 필수적인 도구인 돈. 『이상한 가계부교실』을 통해 급하지는 않으나 중요한 일을 먼저 계획하고 준비할 수 있게 돕고 싶었습니다. 그 동안 사람들의 삶에 충분한 고민과 관심을 기울인 흔적이 뚜렷한 『이상한 가계부』의 발간으로 가슴 따뜻한 희망을 발견합니다. 이상한 가계부를 많은 독자들이 읽고 삶에 적용하면서 행복한 부자가 되는 습관을 기르시길 소망해 봅니다.

『이상한 가계부 교실』제주 운영자 최선희

참 분석적이고 체계적이다. 삶의 원칙에서 시작해 재정관리의 실천까지 한눈에 들어온다. 게다가 친절하다. 쉽게 따라 할 수 있도록 고민했을 지은이의 노력이 보인다.

책을 읽는 내내 나를 불편하게 한 진실 하나. 늘 전전긍긍하며 알뜰 하려 노력했지만, 나는 진정한 의미의 우리 집 재정전문가가 아니었던 것 같다. 다

아는 내용이지만 단 한 번이라도 제대로 실천한 적이 있었던가? 이번엔 꼭!!!
간절한 바램으로 습관을 바꾸리라.

김미라 주부

사람들은 누구나 부자로 살기를 원한다. 그러나 구체적인 계획은 없다. 막
연히" 이렇게 하면 부자가 되지 않을까?" 작가는. 패러다임이 변하지 않으면
그러한 기적은 일어나지 않는다고 분명하게 말하고 있다. 어찌 감자를 심어놓
고 고구마를 얻으려고 하는가?

이 책을 읽음으로써 부(富)에 대한 진정한 의미와 부자 되는 원리를 알게
되었다.

김경회 주부

이 책은 재정문제에 관해 고민하고 방황하는 사람들에게 매우 유익한 책이다.
재정문제의 핵심은 나를 제대로 모르기 때문에 발생한다는 말이 새로웠다.
아울러 책을 읽는 내내 자연과의 조화로운 삶이 느껴져서 참 좋았다.

도예가 이미숙

이 책을 읽는 동안 부끄러운 후회와 기쁜 희망이 교차했다. 그 동안 아무
생각 없이 써온 신용카드가 지혜로운 것이 아님을 알게 되었다. 부채 또한 빠
른 시일 내에 청산하고 안정된 가계를 꾸리는 것에 대한 귀중한 조언을 얻었

다. 내 삶을 보다 건강하게 꾸려가게 하는 지혜롭고 따뜻한 책이다.

전미정 지혜로운 삶에 관심이 많은 40대 주부

"삶을 먼저 살펴보고, 그 삶에 돈을 접목시키는 것이 더 현명한 방법이라고 확신한다"는 필자의 명쾌한 일성에 100% 공감되었다.

이 책은 시중에 나와 있는 다른 재정관리 책과는 확연히 다르다.

우리 모두의 재정관리를 위한 근원적이고 실용적인 안내서가 될 것임을 확신하며,특히, 자녀 재정교육과 자기주도적인 삶을 사는 자녀로 성장시키는데 있어서 유용하게 활용할 수 있는 훌륭한 가이드북이 될 것임을 믿어 의심치 않는다.

그만의 소중한 노하우를 담은 이 책을, 삶과 돈의 가치를 키우고 싶으신 모든 분들께 권한다.

UP 학습코칭연구소장 임영숙

재테크에 관한 책은 너무 너무 많다. 그만큼 사람들은 부자가 되는데 관심이 많다는 얘기일 것이다. 일반적으로 재테크 책을 보면 금방 부자가 될 것처럼 말한다. 그러나 내 이야기는 아닌 것 같았다. 이 책이 제시하는 방법대로라면 금방 부자가 될 것 같지는 않지만 돈에 휘둘리지 않고 알찬 삶을 살아갈 수 있을 것 같다.

허영옥 주부

이
상
한

성공하는 사람들의 7가지 습관을 접해보신 분들에게는 [7H의 재정 측면실천]에 많은 통찰력을 얻을 수 있게 돕고, 아직 7H 교육을 받지 못하신 분들께는 [7H교육에 대한 호기심]과 [재정계획과 실천]이라는, 우리의 삶에 매우 중요한 두 가지를 배우고 실천하도록 돕는 멋진 책 입니다.

7H FT, 뉴로사이언스러닝 대표이사 최인태

좋은 기술과 직업을 가지고 있는 사람들도 잘못된 재정관리 습관으로 인해 고통을 겪는 경우를 많이 보았다. 그들이 이 책을 읽고 실천할 수 있었으면 좋겠다. 먹고 살기 위한 직업이 아니라 자신의 가치를 실현하는 일을 하며 살기 위한 지혜로운 조언이 고맙다.

미래직업학교 대표 최희성

돈은 행복을 위한 좋은 수단이다. 그런데 오히려 돈 때문에 불행하다고 하는 사람이 많다. 이는 돈을 수단이 아니라 목적으로 보기 때문이다. [이상한 가계부]는 돈 중심의 삶에서 삶 중심의 돈으로 패러다임을 바꾸는 비법을 알려주는 책이다. 무엇보다 이 책이 진정성이 돋보이는 것은 저자인 정동훈 재무설계사가 이 책에서 밝히고 있는 원칙들을 실제 삶에서 직접 실천하는 사람이기 때문이다. 돈이 주인이 되는 삶이 아니라 삶이 주인이 되어 돈을 편하게 부릴 수 있는 실천적인 방법을 배우고 싶은 사람들에게 필독을 권하는 바이다.

FLP컨설팅/FLP연구소 대표, CFP 최문희

이 책을 읽으면서 나는 참으로 놀라움과 고마움을 금할 수 없었다. 저자는 일회적인 재테크가 아닌, 올바른 패러다임에 의한 재무설계를 논리 정연하게 기술하고 있다. 주도성, 계획성, 성실성의 관점에서 삶의 기본적인 원칙을 재정관리 시스템에 도입하여 이론적인 견고함을 유지하였고 또한 구체적인 실천지침을 제공함으로써 완성도를 더하고 있다.

국제공인재무설계사(CFP) 신형식

재정관리에 관한 책은 많이 보았다. 대부분의 책이 비만 해결을 위해 지방 흡입술을 하는 차원이라면, 이 책은 단순히 돈 모으는 방법 이상의 본질적인 돈 관리 방법, 즉 체질을 개선해 줄 수 있을 것 같은 신선한 느낌을 받았다.

국제공인재무설계사(CFP) 김창이

이
상
한

패러다임

올바른 지도만이 당신이 원하는 목적지로 안내 할 것이다.

▪▪ 패러다임이 행동을 지배한다

사물과 현상에 대한 인식, 판단, 분석, 평가하는 총체적 준거 틀을 패러다임이라 한다. 이해를 돕기 위해 사례를 들어보자.

원효가 당나라로 배움의 여행을 가다가 비 오고 어두운 밤이 되어 노숙을 하게 되었다. 한밤중에 목이 말라 머리 맡을 더듬거려 찾은 물을 마셨는데 어찌나 달고 시원했던지. 그러나 다음날 일어나 어제 달게 마신 물이 해골바가지에 고인 물이었다는 것을 알게 된 순간 구역질을 느꼈다. 원효는 '모든 것은 마음에 달려 있다'는 깨달음을 얻었고 배움의 길을 포기하고 그 길로 돌아왔다고 한다.

우리는 사물이나 현상을 있는 그대로 보지 않는다. 자신의 패러다임이라는 안경을 통해서 보게 된다. 누구라도 마찬가지다. 그러므로 패러다임은 사물이나 현상 자체가 아니라 그것에 관한 이해, 해석, 판단 등을 말한다. 패러다임이라는 안경은 부모, 형제, 자라온 환경, 친구, 관심분야, 학습, 재정적인 여건 등 영향을 미치는 모든 요인에 의해 형성되기 때문에 같은 사람이 존재할 수 없다. 중요한 것은 패러다임이 행동에 강력한 영향을 주게 되어 삶의 방향을 결정한다는데 있다.

어느 날. 둘째 아이가 한달 분 용돈보다 많은 거금 3만원을 쓰고 온 적이 있었다. 이에 아내는 금방 얼굴빛이 달라지더니 준비나 하고 있었다는 듯이 자신의 생각을 행동으로 옮기기 시작했다.

'이 녀석. 돈 귀한 줄 모르고 생기기만 하면 못써서 안달이니. 그렇게 분별없이 돈을 써대면 가난하게 살기밖에 더하겠어. 남은 돈 있으면 다 가져와. 그리고, 당분간 용돈은 꿈도 꾸지 마.'

아이는 곧 눈물을 쏟을 것처럼 보였다.

'도대체 어디에 돈을 쓴 거야? 뭐 한 거야?' 아내의 채근은 계속되었다.

아이는 기어들어가는 목소리로 대답했다.

'몸이 아파서 학교에 못나오는 친구가 있는데 친구 돕기 모금을 하길래 내가 좀 참으면 되겠구나 생각하고 몽땅 다 냈어요.'

그 때 아내의 표정을 나는 표현할 수가 없다. 다가가 아이를 끌어 안아 주며

'아들아 미안하다. 엄마가 미처 몰랐구나'

이 광경을 보면서 많은 것을 느낄 수 있었다. 그리고 얼마 지나지 않아 그 친구는

백혈병으로 세상을 떠났다.

위 사례를 통해서 우리는 똑같은 상황인데도 패러다임에 따라 전혀 다른

행동이 유발된다는 사실을 알 수 있다.

다시 한번 강조하면 패러다임은 행동에 강력한 영향을 주게 되므로 삶의

형식과 내용을 결정한다는 사실이다.

한 때 유행했던 나폴레옹에 관한 유머가 있다. 열심히 노력하여 목적지인

산 정상에 도착했더니

'이 산이 아니다. 저 산인가 보다.'

다른 산으로 열심히 올라 갔더니

'아까 그 산인가 보다……'

물론 웃자는 이야기지만 새겨볼 만한 중요한 의미를 내포하고 있다.

당신은 잘못된 판단으로 헛된 노력과 좌절을 경험한 적은 없는가? 엉뚱한

지도를 가지고 목적지를 찾아 헤맸던 경험은 없는가? 업그레이드 되지 않은

내비게이션으로 목적지 주변을 맴돌았던 경험은 어떤가? 그 때 어떤 느낌이 있었는가? 만일 목적지를 찾지 못하거나 제때 도착하지 못했다면 그 원인은 당신의 행동이나 태도에 있었던 것이 아니라 잘못된 지도에 있었다.

만약 당신이 올바른 지도를 가지고 있다면 성실함은 의미를 가지게 될 것이다. 목적지를 향해 가는 도중 난관을 만났을 때 당신의 태도는 매우 중요하게 작용할 것이다. 결국 당신의 노력이나 태도에 앞서 정확한 지도를 갖는 것이 더 중요하다.

재정 관리에 있어서도 마찬가지다. 잘못된 패러다임을 가지고 있다면 여러분의 노력은 더 큰 실망과 좌절만 가져 올뿐이다. 또 잠시 괜찮은 결과를 가져올 수 있겠지만 지속하기는 어려울 것이다.

지금부터는 재정과 관련하여 행동에 영향을 주는 몇 가지 패러다임에 대해 살펴보고자 한다.

⠿ 결과는 원칙이 지배한다

감자를 심고 고구마를 수확하려는 사람을 본 적이 있는가? 또 어제 심고 오늘 구하는 사람은 어떤가? 만약 이런 사람이 있다면 정상적인 사람이라 할 수 없을 것이다. 그런데 우리는 재정과 관련된 경우 감자를 심고 고구마를 얻으려는 비정상적인 사람들을 자주 만날 수 있다.

아래와 같은 말들을 우리는 쉽게 들을 수 있지 않은가?

'많은 사람들이 쓴 맛을 보았더라도 나는 좋은 결과를 얻게 될 거야'

'투자만 잘 하면 큰 돈을 벌 수 있어'

'나도 행운을 만나기만 하면 언제든지 부자가 될 수 있어'

'작은 돈으로는 아무것도 할 수가 없군!'

'3개월 무이자라고? 그렇다면 손해 볼게 없군'

'주식형에 투자를 해야 수익률을 높일 수 있어'

'지금 해약하면 손해야. 조금 더 불입하다가 원금이 되면 해약해야지'

'빚을 내서라도 집은 사야 돼'

'무엇보다 중요한 것은 투자의 타이밍을 잡는 거야'

'이것 저것 복잡해. 구차하게 살고 싶지는 않아'

'적립식 투자를 하면 위험하지 않아'

'이자소득세가 면제되고 입출금이 자유롭다면 대단한 혜택이군'

이런 말들은 가끔 맞을 때도 있다. 그러나 항상 맞지는 않는다. 이것은 학습과 경험에 의한 개인적 판단기준이다. 즉 주관적인 것이다. 위의 상황이 반복되면 실패와 성공이 반복될 것이므로 실패로 수렴할 가능성이 매우 높다.

이런 말은 어떤가?

'나는 환경이나 다른 사람에 의해 내 인생이 좌우 되어서는 안돼. 내 인생은 내가

선택하고 내가 책임져야 해'

'구체적인 계획과 실천이 없으면 내 꿈을 이룰 수 없지'

'번 것보다 적게 쓰고 저축을 하면 돈을 모을 수 있어'

'아무리 싼 물건이라도 쓰지 않는다면 그보다 더 비싼 물건은 없다'

'작은 돈을 모으지 않고서는 큰 돈을 모을 수 없다'

'부채가 있으면 소득의 일부는 내가 쓸 수 없다'

'정당하게 대가를 지불해야 한다'

'대접을 받고 싶다면 먼저 대접하라'

'배우지 않으면 재정관리를 잘 할 수 없다'

'물고기 한 마리를 주면 한 끼 식사를 해결할 수 있지만 잡는 법을 가르치면 평생

식사를 해결할 수 있다' (탈무드)

'자신이 가진 돈을 벌 수 있는 방법이 있을까? 그것은 간단하다. 쓰지 않으면 된

다' (유대인 격언)

이것은 옳은 말이다. 누구에게나 언제나 옳다. 우리가 받아들이지 않기로

결의를 해도 옳다. 이것을 우리는 원칙이라 한다. 원칙은 기대와 결과를 일치

시킨다. 그러므로 원칙은 개인의 경험과 학습에 의하여 옳고 그름이나 무엇이

더 중요한 가를 판단하는 가치관과는 다르다. 선택하고 실행하는 과정은 개개인의 가치관에 따르겠지만 결과는 원칙이 지배한다는 사실이 중요하다. 그러므로 가치관을 원칙에 맞추었을 때 우리가 원하는 좋은 결과를 기대할 수 있게 되는 것이다.

얻고자 하는 결과는 하는 행동에 의해서 결정되고, 하는 행동은 우리의 패러다임에 의해서 결정된다. 올바른 원칙에 기초한 패러다임이 매우 중요한 이유이다.

그러므로 단지 좋은 결과를 얻으려면 행동을 바꾸면 되지만 장기적이고 지속적으로 원하는 좋은 결과를 얻으려면 행동에 영향을 주는 패러다임을 바꿔야 한다.

⠿ 효과성이 먼저다

고도로 성장하는 산업화의 과정에서 매우 다양하게 적용된 개념 중의 하나가 효율성이다. 단적으로 표현하면 투자한 시간과 노력, 비용 대비 얻게 되는 결과를 말한다. 효율적인가 비효율적인가는 투입(Input)과 결과(Output)의 비교에 의해 평가된다. 일반적으로는 재정관리도 효율성을 추구한다. 그러나 인생중심 재정관리에서는 철저하게 효과성을 앞세우고 효율성을 추구한다. 그 차이는 효과성과 효율성의 사전적 의미에서 찾을 수 있다.

국립국어연구원 표준국어대사전에 의하면 효과성은 '어떤 목적을 지닌 행위에 의하여 나타나는 보람 있는 지속적인 좋은 결과'라고 한다. 효율성은 '애쓴 노력과 얻어진 결과의 비율, 기계가 한 일의 양과 그에 공급된 에너지와의 비, Input 대비 Output'이라고 한다. 이를 표로 정리해 보면 다음과 같다.

	효과성(效果性) Effectiveness	효율성(效率性) Efficiency
목표	질(質) 가치, 만족 중시	양(量) 더 빨리, 더 많이
결과의 성격	장기 / 전체적 결과	단기 / 부분적 결과
과정과 결과	과정과 결과 모두 중시	결과 중시
적용 대상	사람	생산도구(기계, 동물)
패러다임	방향	속도
재정계획	재무목표달성	높은 수익률

어떤 목적을 지닌 행위에 의하여 장기적이고 지속적으로 우리가 원하는 좋은 결과를 추구하는 것이 효과성이다.

굳이 구분하는 실익이 있을까? 그것은 목적 없이 효율성만 추구하는 재정관리는 자기 삶의 주인자리를 돈에게 양보하고 시간과 에너지를 소모하면서도 만족하지 못하게 되고 진정 원하는 행복한 삶을 살지 못하는 결과를 낳게 되기 때문이다. 목적지를 정하지 않고 최선을 다해 달렸을 때 남들보다 많은 땀을 흘렸다는 위로 말고는 얻을 것이 없을 것이다. 안타깝게도 우리의 현실 속에서 목적지를 정하지 않고 열심히 뛰는 모습을 너무 쉽게 발견할 수 있다. 금융이나 재정에 관한 전문가들 조차도 끊임없이 효율성을 추구하는 것을 보면 목적과 수단을 잘 못 이해하고 있든지 아니면 다른 의도가 있을 것이다.

또 목적지를 엉뚱한 곳으로 정하고 최선을 다해 달리는 경우도 많다. 이 때는 잘못된 곳에 더 빨리 도착할 수는 있을 뿐이다. 속도보다 더 중요한 것은 방향이다.

돈을 쓰는 목적은 자기 삶의 가치를 실현하기 위해서이다. 더 만족스러운 삶을 살기 위해서이다. 돈을 관리하는 목적은 맹목적으로 많은 돈을 모으겠다는 것이 아니라 돈을 더 가치 있는 곳에 잘 쓰기 위해서이다. 자기 인생에서 소중한 것이 무엇인지를 발견하고 그에 맞는 재정계획을 세우는 것이 중요하다.

:: 재정관리의 사이클

모든 사람이나 가정은 재정적으로 서로 다른 상황에 처해 있고 서로 다른 목적이나 방법을 가지고 있다는 것을 먼저 인정해야 한다. 그래야만 획일적이지 않고 각 사람이나 가정에 적용할 재정관리 방법을 찾을 수 있을 것이다. 그런데 문제가 있다. 어떻게 정확하게 찾아 낼 수 있단 말인가? 아무리 뛰어난 재정전문가라 하더라도 결코 쉽지 않을 것이다. 물론 정확하게 진단하지도 않고 처방전을 쓰는 돌팔이 재정전문가는 표면적인 현상만으로도 좋은 처방을 할 수 있다고 확신하는 것 같지만 문제를 점점 더 악화시켜 더욱 허약하고 의존적인 만성적 재정적자만 야기 할 뿐이다. 다만 그것이 즉각적으로 나타나지 않기 때문에 문제의 심각성을 느끼지 못할 뿐이다.

체계적이고 단순한 재정관리의 흐름을 표를 통해 이해 하는 것이 좋을 것 같다.

지배	사이클	핵심 내용	실천과정	
올바른 패러다임	주도성	자신의 발견	재무상태 점검 비상금 준비 부채 상환	재정적 자유 돈의 가치 키우기
		선택과 책임		
	계획성	사명과 비전		
		목표와 계획	목적자금 설계	
	성실성	성실성과 실행	은퇴자금 마련 교육자금 마련 주택대출 완납	
		정기적인 점검		

첫째, 재정문제에 대하여 원칙에 근거한 올바른 패러다임에서 출발하여야 한다. 패러다임은 모든 과정에 영향을 미친다. 패러다임이 올바르지 못하다는 것은 잘못된 지도로 길을 찾는 것과 같다. 아무리 성실하더라도 원하던 곳으로는 갈 수 없다.

둘째, 내가 내 삶의 주인이 되는 것이다. 자기 삶의 주인이 아닌 사람이 어디 있냐고 묻고 싶을 것이다. 물론 많다. 이들은 환경이나 남들에 의해 자기 삶이 좌지우지 되도록 선택하는 경우가 많다. 물론 책임도 전가한다. '환경 때문에…', '누가 어째서…', '배우자가…', '회사 때문에…' 등의 말을 달고 산다. 책임을 환경이나 타인에게 넘긴다. 책임을 넘긴 만큼 이들에게는 권한도 없다. 이들은 주도성을 상실하고 외부 자극에 대해 즉각적으로 반응하기 때문에 아무리 훌륭한 계획을 세워도 별 소용이 없다. 외부의 영향으로 지속되지 못할 것이 뻔하기 때문이다. 당연한 결과로 삶의 주인이 되지 않고서 재정문제를 계획하고 실천한다는 것은 별 의미가 없다.

변화는 변하지 않는 것을 찾는 과정이다. 나의 변하지 않는 뿌리를 발견하는 것이 주도성을 확보하는 것이다. 그 뿌리로부터 줄기와 잎, 꽃 그리고 열매를 맺어가는 삶이 행복한 자기 삶이다. 뿌리가 사과나무이면 튼실한 사과열매를 얻는 것이 최선이다. 열심히 노력한다고 감을 딸 수 없을 뿐만 아니라 열매를 얻고도 만족하지 못할 것이다.

셋째, 자신의 삶에 기반하여 계획을 세우는 것이다. 진정 자신이 살고 싶은 삶을 그려 보는 것이다. 의미 있고 가치 있는 삶을 살기 위해 하고 싶은 것, 갖고 싶은 것, 배우고 싶은 것, 가고 싶은 곳 등을 생각해보자. 자신의 역할과 관계를 통해 자신의 행복한 미래를 그려보자. 모든 구속과 제약을 벗어 버리고 정말 간절히 바라는 아름다운 모습을 상상해보자. 현명하게 돈을 관리하는 것에 앞서 진정 내가 살고 싶은 가슴 떨리는 삶을 만나는 과정이다.

이 단계에서는 극복해야 할 난관이 있다. 부정적인 단정이나 현실적인 장애에 자신을 가두어 꿈과 현실을 애써 구분하려는 것이다. 불가능하다고 판단하고 계획조차 세우지 않으려는 것이다.

현실에서 가능한 방법을 찾는 것은 재정전문가의 도움이 필요하다. 자원을 분석 평가하고 우선순위에 따라 해결책을 찾는데 당신은 적극적으로 동참하고 협조하여야 한다. 그것은 당신의 꿈을 현실로 만들어 갈 방법을 찾고 계획을 세우는 과정이기 때문이다. 지속적으로 자신의 바람과 의견을 이야기하라. 하루 하루 가슴 설레는 삶을 살고 싶다면 말이다.

넷째, 성실하게 실천하는 것이다. 이 단계는 꿈을 현실로 만들어 가는 과정이다. 계획을 세우는 것이 정신적인 창조과정이라면 이 단계는 실질적으로 창조해 가는 과정이다. 단순하지만 체계적인 지침에 따라 단계를 밟아 조금씩 나아가게 될 것이다. 나를 구속하는 족쇄들을 벗고 재정적 자유를 향해 한 걸음씩 나아가게 될 것이다. 이 과정에서 가장 중요한 것은 정기적으로 점검하는 것이다. 하루 아침에, 1회 적 행위로 원하는 멋진 상황이 드라마틱하게 펼쳐지지 않는다는 것을 잊어서는 안 된다. 짧게는 6개월에서 몇 년이 걸릴 수도 있다. 목표가 바뀔 수도 있고 새로운 변수가 목표달성에 영향을 줄 수도 있다. 꿈이 없다면 고단하고 지루한 과정일 수 있다. 평생 동안 안정되고 성숙한 삶을 위한 훈련과정이라 생각하고 즐길 수 있어야 한다.

주도적인 삶을 살 때 미래의 비전을 그려 볼 수 있고, 가슴 설레는 구체적인 비전이 있어야 실행할 수 있다. 그리고 이 모든 과정에 영향을 주는 것은 올바른 패러다임이라는 사실을 기억하라.

⸭ 지침이 안내한다 – 7단계 실천 과정

엎드려 기어 다니기 전에 서서 걷는 아이를 본적이 있는가? 아이는 뒤집고, 앉고, 기고, 서고, 달리는 과정에 따라 성장한다. 즉, 성장하는 데는 단계가 있다.

익숙해 지지 않으면 다음 단계로 진전될 수 없을 뿐만 아니라 다시 되돌아가서 단계를 밟아야 하는 것은 재정관리의 과정에서도 마찬가지다.

이는 깨진 독에 물을 채우기 위해서는 먼저 깨진 부위를 땜질 하고 난 다음에야 가능하다는 자명한 이치를 말 하는 것이다. 깨진 부위를 그대로 둔 채 열심히, 더 많이 물을 쏟아 부으면 채울 수 있는 기발한 방법이 있다고 말하는 것이 아니다.

여기에서 제시하는 7단계의 실천과정은 매우 간단하다. 그렇지만 매우 강력한 힘을 지니고 있다. 단계를 건너 뛰거나 순서를 바꾸면 기대효과는 절반 이하로 떨어진다는 사실을 다시 한 번 명심하라.

이 과정은 성장하는 단계에 맞춰져 있다. 그러므로 누구나 도전 해 볼만하다. 사칙연산 보다 인수분해가 먼저 등장하여 의욕을 꺾어 놓지는 않을 것이다. 학습에서 기초가 중요하듯 이 과정에서도 초기 단계가 매우 중요하다. 인내심을 발휘하는 만큼의 보상은 충분히 제공될 것이라는 것을 믿어라.

7단계 실천과정을 정리하면 표와 같다.

단계	실천할 것	주의할 점
1	- 재정상태를 파악한다 - 비상금 100만원을 마련한다	- 새로운 부채를 만들지 않는다 - 신용카드를 없앤다
2	- 신용카드 대금을 완납한다 - 비상금으로 한 달 생활비 정도를 마련한다	- 부채상환전략에 따른다
3	- 일반부채를 완납한다 - 비상금으로 3개월 분의 생활비를 마련한다	- 가족과 함께 노력한다

4	– 용도별 자금 계획을 세운다 – 노후자금을 마련한다	– 노후에 필요한 것은 돈만이 아니다
5	– 형편에 맞는 주택을 구입, 융자금 납부한다 – 학자금을 마련한다	– 현명하게 투자한다 – 자녀 재정교육을 한다
6	– 주택융자금 상환을 완료한다	– 긴장을 늦추지 않는다
7	– 물질적 축복 누리고 돈의 가치를 키운다 : 즐기고, 투자하고, 베풀어라	– 신나게 즐기고 돈의 가치를 키운다

이 책은 정확한 단계를 밟아 절차를 따르도록 안내 할 것이다. 구체적인 실행 지침을 제시할 것이다. 자신의 처지에 대해서는 스스로 가장 잘 알 수 있으므로 가장 정확한 재정계획을 세울 수 있을 것이다. 계획을 세우는데 까지는 별 어려움이 없을 것이다. 순서에 따라 한 걸음씩 진행해 나가면 된다. 다만 실천의 문제는 본인의 간절한 열망이 강력하게 개입되어야 한다.

재정과 관련된 몇 가지 패러다임을 더 살펴보자.

너무나 당연하여 간과하기 쉬운 것들이다. 그러나 건전한 재정계획과 실천을 위하여 반드시 새겨 보아야 할 것들이다.

∷ 정직

세상에 돈이 한정되어 있다고 생각해보자. 사람들은 세상을 위해 기여한 만큼 돈을 가질 수 있다. 도움을 받은 사람은 도움을 준 사람에게 합당한 비용을 지불하므로 돈의 이동이 생긴다. 이 때 남을 위해 제공되는 물건이나 시간과 노력은 도움을 주는 자가 아닌 받는 자에 의해 평가될 것이다. 그러면 서로 세상을 이롭게 하기 위해 노력할 것이다. 대체 할 수 없거나 절박한 상황이면 더 비싼 비용이 오고 갈 것이다. 직업과 소득에 관한 기본적인 개념이다.

직업은 내가 세상과 만나는 접점이다. 나를 드러내는 방식이라고 할 수 있다. 얄팍한 속임수나 편법이 아니다. 나를 통해 남과 세상을 유익하게 하는 것이고 그에 상응하는 대가로 받는 것이 소득이다.

정직하지 않게 대가를 받는 자가 있다고 생각해보자. 제공하는 재화와 용역의 가치에 비해 터무니없는 대가가 오고 가는 상황이라면 돈의 흐름에 왜곡이 생긴다. 그것을 마치 능력인양 말하는 기회주의적 사회 풍조에서는 돈의 왜곡현상이 흔하게 발생한다. 그리고 그런 능력과 기회를 위해 시간과 비용을 투자한다.

정직은 기대와 결과를 일치시킨다. 다시 말하면 원칙, 즉 자연의 섭리인 것이다. 그러므로 재정문제에 있어서 정직은 매우 중요하다.

물건을 사고 받아야 할 거스름돈보다 더 많이 받은 경험이 있는가? 그럴 때 어떻게 하는가? 돌려 줄 수도 있고 취할 수도 있을 것이다. 돌려주지 않았다면 왜곡이 생긴 것이다. 뭘 그 정도 가지고 문제가 되겠느냐는 사람이 있을 것이다. 물론 금액이 적어 인식조차 하지 못하는 경우도 있다. 그렇다면 다음 경우는 어떤가? 부당하게 뇌물을 받은 고위 공직자, 불법 선거자금, 불법적인 폐기물 처리, 수백억 원의 세금포탈, 공금을 개인 용도로 쓰는 경우, 지위를 이용하여 얻은 이득, 사기, 청탁, 집단 이기주의 등등.

우리 사회에는 크고 작은 왜곡이 존재하는 것이 사실이다. 그러나 재정관리 원칙에서 강조하고 싶은 것 중의 하나가 절대 정직이다. 서로 입장을 바꿔 보면 같은 처지가 되기 때문이다. 나만 정직하게 살다 보면 바보가 되거나 피해를 볼 것이라고 생각한다면, '나만'이 아니라 '나부터'라고 생각하면 어떨까? 책임 있는 사람들이 돈 문제로 볼썽 사나운 모습을 보일 때 참 안타까운 생각이 든다. 돈이 평생 쌓은 명성보다 더 소중 하단 말인가?

세상에는 공짜가 없다는 말이 있지 않은가? 정당한 대가를 요구하고 지불하여야 한다. 정직하면 내 삶이 먼저 바뀐다는 사실에 대해 공감 해보자.

⠿ 자족

나는 몇 개월 전까지만 해도 K자동차 회사에서 생산하는 차 중에서 가장 큰 3300cc 검정색 세단을 타고 다녔다. 시골에 살기 때문에 아내도 차가 필요했다. 하루에 열 번 정도 오가는 대중교통은 불편할 수 밖에 없기 때문이다. 나도 주말에는 아내의 소형차를 애용했다. 유지비를 아끼겠다는 생각에서였다. 그런데 나를 드러내고 싶은 곳에는 번쩍이는 검정색 대형 세단을 앞세우고 갔다.

사람들은 나 자신보다 차를 보고 나를 평가하는 것 같았다. 8년 된 아내의 소형차를 타고 가면 폼이 나지 않을 게 뻔한 일로 생각되었던 것이다. 안정감이 생겼다. 나를 대신하는 든든한 배경이 있지 않은가?

그러나 나는 삶의 방식을 바꾸기로 했다. 겉치레에 평가되어 거드름을 피우는 것도 싫었고 많은 비용도 부담스러웠기 때문이다. 처음에는 용기가 필요했다. 사실이야 어떻든 사람들의 시선은 곱지 않을 것 같았다.

7개월 전, K자동차 회사에서 생산하는 차 중에서 가장 작은 경차로 바꿨다. 3년 8개월 동안 탔던 차는 무려 1,930만원이나 가격이 떨어져 있었다. 세금, 보험료, 할부수수료, 유류비를 감안한다면 매월 100만원씩을 생색내는데 쓴 셈이다.

작은 차를 타면서 자족하는 삶을 배우고 그로 인하여 주도성과 안정감이 커진 다는 사실을 알게 되었다. 큰 차를 타고 다닐 때보다 불편 할 때도 더러 있다. 주로 주행하면서 발생하는 일들이다. 그러나 내면으로부터의 안정감을 통해 영향을 받지 않게 됨으로 훨씬 큰 자족의 행복을 누릴 수 있게 되었다.

모든 사람들이 동일한 방식으로 삶을 살수는 없다. 각자 처한 상황에 맞게 살아가는 노력이 중요한 의미를 갖는 것은 삶의 만족도가 다르기 때문이다. 더 비싼 차, 더 넓은 아파트, 최신 유행의 패션, 최고급 음식을 먹는 것이 더 행복할 것이라고 부추기는 상업광고는 삶의 만족도와 안정감을 오히려 현저하게 떨어뜨린다.

다른 사람과의 비교는 자신의 처지를 만족과 감사로 채워주지 못한다. 자기보다 처지가 어려운 사람과는 비교하지 않기 때문이다. 나를 형편이 좋은 사람의 상황에 가져다 놓았으니 얼마나 못마땅 하겠는가?

탐욕은 다른 사람의 것을 탐하거나 갈망하는 것이다. 또는 지나치게 많은 것을 원하는 것이다. 탐욕은 자신의 삶을 고단하게 만든다. 자명한 이치를 거스르기 때문이다. 생각해보라. 순리대로라면 얻지 못할 것을 끊임없이 바란다는 것이 얼마나 헛된 일이겠는가?

비교나 탐욕으로 가득 찬 이들은 사람도 품성이나 역량이 아닌 소유물을 보고 평가한다. 그리고 자신도 그렇게 평가 받을 것이라고 생각한다. 그들에게는 비싼 차나 큰 아파트, 멋진 옷이 안정감을 주는 것처럼 보인다. 최소한 타인과의 관계에서는 말이다. 자신과의 관계에서 안정감을 갖는 것이 자족이다. 사람이 물질로 평가된다는 것이 말이나 되겠는가?

소득 자체가 적어 고통을 받는 어려운 사람들도 많지만 자기의 소득보다 더 많은 소비 때문에 힘들어 하는 경우도 많다. 자신의 소득 범위 내에서 만족하고 사는 것이 자족이고, 자신의 소득을 벗어나 욕심을 부리는 게 탐욕이다. 그러므로 탐욕은 재정적 고통을 불러 올 수 밖에 없다.

자족할 줄 아는 사람에게는 축복이 있을 것이다. 자족하는 삶은 심리적으로나 재정적으로 안정감이 있을 것이고 이것은 건강, 자기계발, 대인관계, 사회에 대한 기여 등 많은 부분에 영향을 주기 때문이다.

∷ 적절성

재정관리를 할 때 자주 활용하는 문구 중에 '필요할 때 필요한 만큼'이라는 것이 있다. 아무리 많은 재산이 있어도 필요할 때 쓸 수 없다면 무슨 소용이란 말인가? 또 아무리 많은 재산이 있어도 필요하지 않다면 무슨 소용이란 말인가? 일생 동안 필요할 때 필요한 만큼을 쓸 수 있도록 재정관리를 한다면 돈으로 인한 고통은 없을 것이다. 이것이 재정문제에 대한 적절성이다.

적절성은 가능한 상황을 모두 고려하는 것이다.

사막을 여행하는 자에게 필요한 것은 갈증을 해소해 줄 물만이 아니다. 배고픔을 달래 줄 빵도 필요하고, 대화할 친구도 필요하고, 편안한 휴식도 필요하다. 이 모두를 고려하는 것이 그를 제대로 돕는 것이다.

사자와 소에 관한 우화에서도 적절성에 대해 배울 수 있다. 사자와 소가 사랑하게 되었다. 사자는 소를 생각하며 최선을 다해 싱싱한 고기를 준비한다. 그런데 소는 맛있는 고기를 먹지 않는다. 사자는 사랑하는 소가 자신의 성의를 알아주지 못하는 것이 서운했다. 소는 사자를 위해 가장 맛있는 풀을 준비했다. 그런데 사자는 맛있는 풀을 거들떠 보지도 않는다. 소도 속이 상했다.

사자와 소의 최선이 상대방에게도 최선일까?

적절성은 서로 다름을 인정하는 것에서 출발한다. 누구에게나 동일한 방법이 최선일 수 없다는 것이다. 재정관리에 있어서도 무엇보다 먼저 고려 해야 하는 것이 처지이다. 삶을 배제하고 돈 자체만 다루는 방식의 재정관리에서라면 획일적이어도 괜찮을 수 있다. 그러나 우리는 행복하게 살기 위해 어떻게 돈을 다룰 것인가를 고민하고 있지 않은가?

현재 재정적으로 어려움에 처한 사람은 지금까지 재정관리를 어떻게 했는지 꼼꼼하게 점검하고 분석하여 올바른 계획을 세우고 실천할 필요가 있다. '나는 가진 게 없어서 재무설계 할 게 없어'라고 말하는 고객이나, '가진 게 없는데 뭘 어떻게 해 보겠어'라고 말하는 재정상담사나   행복한 미래를 원한다면 지금 할 수 있는 최선의 선택이 무엇인지를 찾아야 할 것이다.

몸 편함과 마음 편함은 차이가 있다. 물질적 풍요가 편익을 제공하는 것은 맞는 것 같다. 그러나 돈은 인생에서 필요한 수단이지 그 자체가 목적일수는 없다. 정확한 자기 인생의 목적을 찾고 가능한 다양한 수단을 찾는 것이 올바른 방법일 것이다. 중요한 것은 수단의 고려보다 앞서 목적을 명확하게 하는 것이다.

다음 말들을 새겨보자.

우리가 가진 돈으로

침대는 살 수 있지만 잠은 살 수 없으며,

책은 살 수 있지만 지혜는 살 수 없다.

음식은 살 수 있지만 식욕은 살 수 없고,

집은 살 수 있지만 가정은 살 수 없다.

약은 살 수 있지만 건강은 살 수 없고,

재미는 살 수 있지만 행복은 살 수 없지 않은가.

수단은 살 수 있지만 목적은 살 수 없다는 얘기다.

누구에게나 행복하게 살 권리가 있다. 당장은 암울할지라도 긴 인생이라는 여행길에서 당신을 기쁨으로 채울 방법은 반드시 있다. 그것을 찾기 위한 노력이 필요할 뿐이다. 먼저 당신이 살고 싶은 삶의 모습을 구체적으로 그려보라. 그리고 가능한 다양한 방법들을 찾아보라.

:: 풍요의 심리

'상대가 더 많이 가지게 되면 내 몫이 줄어든다.'라고 생각하는 것이 부족의 심리라면 '세상은 풍요롭기 때문에 모든 사람이 나누어 가질 만큼 충분하다.'라고 생각하는 것이 풍요의 심리이다.

부족의 심리는 협력을 표면에 내세우면서도 과도한 경쟁이나 비교, 그리고 탐욕이 내면에 깊숙하고 튼튼하게 자리를 잡고 있다. 명료한 지침 보다는 지름길과 남과 다른 행운에 의지하면서 자신의 안정감과 창의성의 지원을 스스로 포기하게 된다. 이는 장기적으로 자신이 주인이 되지 못하고 환경과 타인에 의해 미래가 결정되어 자부심이나 보람을 느끼지 못하는 불만족스러운 삶을 살게 된다.

다른 사람의 성공이 나의 실패를 야기한다고 생각하는 사례는 우리 주변 곳곳에서 찾을 수 있다.

학교의 평가시스템은 대표적인 사례이다. 상대 평가가 일반화되어 있는 요즘의 학교 평가시스템에서는 모두 우수한 점수를 받을 수 없도록 되어 있다. 동료가 우수한 성적을 받으면 나의 성적이 위협을 받는다. 이런 상황에서는 창조적 협력을 기대하기 힘들다. 은근히 동료가 잘 못되기를 바라기도 한다.

모든 학생이 최상의 평가를 받을 수 있다면 결과는 달라 질 것이다. 대학으로 말하면 모두 A플러스를 받는 것이다. 서로 다름을 인정하고 상대방의 더 좋은 방법에 관심을 기울이게 될 것이고 동료에 대한 배려의 가치도 배우게 될 것이다. 서로 협력해야만 최고의 점수를 받을 수 있다면 상호의존적인 작용을 통해 무한한 가능성을 경험하게 될 것이다. 이런 교육과정과 평가시스템이 자질을 갖춘 인류 사회 구성원을 양성할 수 있을 것이다. 1등을 강요 받아 어머니를 살해하고 8개월간이나 방치한 고3학생의 뉴스는 비뚤어진 한 학생의 패륜이 아니라 빈곤의 심리가 만연된 사회 풍조가 만들어낸 불행한 현실의 한 단면일 것이다.

승용차의 경우를 생각해보자. 아주 고급 차나 스포츠카가 아닌 일반적인 승용차의 경우 몇 년 전까지만 해도 1리터의 연료로 10km 전 후를 주행할 수 있었다. 그런데 최근에는 1리터의 연료로 최고 50km이상 달릴 수 있는 자동차가 개발되었다고 한다. 이는 한정된 자원을 다섯 배나 늘린 것과 같은 효과다. 또 전기자동차의 개발은 지구에 매장되어 있는 유한한 석유자원에 대한 의존으로부터 벗어날 수 있는 획기적인 일이 될 것이다.

한정된 자원을 서로 많이 차지 하려는 것이 부족의 심리에서 비롯된 것이라면 효율을 개선한다거나 대체 에너지를 개발한다든지 하는 것처럼 창조적 대안을 찾아내는 것은 풍요의 심리에서 비롯된다고 할 수 있다.

재정관리에 있어서도 풍요의 심리는 중요하다. 자신의 내면으로부터 나오는 심리적 안정감을 통해 요행이나 탐욕을 버리고 명료한 지침에 따름으로 지혜로운 삶의 과정을 배우고 적용하여 기대와 결과가 부합되는 성숙한 삶을 살게 될 것이다. 타인과 비교, 경쟁하기 보다는 상호 협력을 통해 더 많은 유익함을 나눌 수 있다는 사고의 전환과 다름을 인정하고 상호 이해를 실천함으로써 사회, 감정적 욕구를 해결할 수 있으므로 정서적 만족감을 키울 수 있다면 우리는 순간 순간 행복한 삶을 살 수 있지 않을까?

당신은 자신의 재정적인 상황에 대해 만족하는가? 어떤 경우든 그것은 태도나 습관에 의한 것이다. 돈과 관련된 태도나 행동에 대해 후회한 적은 없는가? 꼭 고치고 싶은 지출과 소비 습관은 없는가? 생각처럼 실천되지 않아서 좌절하거나 속 상한 경험은 없는가? 다시는 하지 말아야지 거듭 다짐하지만 같은 행위를 반복하고 실망한 적은 없는가?

생각이 바뀌면 태도가 바뀌고, 태도가 바뀌면 행동이 바뀌고, 행동이 바뀌면 습관이 바뀌고, 습관이 바뀌면 운명이 바뀐다고 했다. 내가 습관을 만들지만 습관이 나를 만든다는 말도 있다.

우리는 오랜 동안 형성된 습관에 의해 살고 있다. 습관은 우리 삶에 있어서 지속적이고 일관되게 행동으로 나타나며 각자의 성공과 실패를 결정하는데 중요한 역할을 한다.

만일 지금까지의 삶이 당신이 원하는 성공적인 삶이었다면 만족스럽고 행복할 것이다. 그렇지 않다면 뭔가 변화를 해야 할 것이다. 변화는 삶의 패턴을 바꾸는 일이다. 곧 습관을 바꾸는 일이다. 패러다임의 전환이 습관을 획기적으로 바꿀 수 있다는 점에 대해서는 이미 언급한 바 있다. 그러나 패러다임이 바뀌었다고 바로 습관이 형성되는 것은 아니다. 습관을 바꾸는 것은 결코 쉬운 일이 아니다. 습관은 지식, 기술, 욕망으로 구성되어 있다. 지식은 '무엇을', '왜'에 관한 것, 즉 목적, 사명, 가치의 문제이다. 기술은 '어떻게' 즉 방법에 관한 문제이다. 욕망은 '하고 싶은 것', '간절히 원하는 것' 즉 동기에 관한 문제이다. 이 세 가지가 결합 되었을 때 습관을 형성된다.

재정에 관한 습관도 쉽게 바뀌지 않는다. 오랜 세월 동안 많은 것들로부터 영향 받아 형성된 익숙한 습관과의 결별은 결코 쉽지 않다. 자신의 돈에 관한 패러다임부터 살펴보라. 돈이 왜 소중한지 생각해보라. 돈에 대한 가치관을 점검해보라. 그 다음 돈을 쓰는 습관을 살펴보라. 첫째 돈에 대한 올바른 지식이 필요하다. 돈에 대한 무지가 잘못된 돈 쓰는 습관을 만든다. 둘째 수입과 지출, 저축과 투자 등 돈을 통제하고 관리하는 기술이다. 기술이 부족하면 돈 관리 하는 좋은 습관을 형성할 수 없다. 셋째 돈을 통해 하고자 하는 것이 무엇인지, 이루고자 하는 것이 무엇인지, 돈을 가치 있게 쓰는 것이 무엇인지 등 돈에 대한 간절한 동기가 무엇인지 생각해보라.

돈에 대한 만성적이고 고질적인 습관을 그대로 가진 채 즉각적인 결단으로 문제를 해결할 수 있다고 생각하는 사람들을 많이 볼 수 있다. 이들은 원인이나 과정에 대해서는 고려 하지 않은 채 단지 당장 좋은 결과가 생기기를 기대하는 것 같다. 금융회사나 직원들도 어떤 상품을 선택하는 것만으로 문제가 해결 될 것처럼 말하기도 한다. 당신의 염원과 그들의 이기심이 만나는 순간 또 다른 헛된 기대가 잉태된다. 괜찮은 결과를 얻을 때도 있지만 더 많은 경우

실망과 중도 포기, 또는 새로운 다른 방법으로 대체하기를 요구 받는 경우가 얼마나 많았던가? 당신은 불과 몇 년 사이에 계획을 수정하거나 포기한 경험은 없는가? 만나는 사람마다 의견이 달라 어떤 방법을 선택할까 고민한 적은 없는가? 그보다 어떤 사람을 신뢰할 수 있을까에 대한 고민이었을 것이다. 나의 이익을 자기의 이익에 앞세울 수 있는 사람이 누굴까 하는 고민 말이다. 그런 측면에서 응급 처치식 처방만을 나열하는 사람에게 당신의 재정문제를 믿고 맡겨서는 안 된다. 응급처방으로 그들의 주머니를 채우는 것은 확실히 맞지만 당신의 삶이 바뀌는 것은 기대하기 어렵다는 사실을 알아야 한다. 그렇게 쉬울 것 같으면 당신은 이미 그들의 그 알량한 조언이 필요하지 않을 것이다. 역으로 그들의 조언에 고분고분 반응하는 것 또한 지속적으로 반복될 것이라는 것도 한 번 깊이 생각해보기 바란다. 보다 근본적인 방법을 선택하는 것이 빠르고 정확한 방법이라는 사실을 인식 해야 한다.

재정에 관한 습관을 보면 그 사람의 삶의 방식을 알 수 있다. 돈을 삶에서 분리시킬 수 없다는 말이다. 우리는 가치 있는 일을 실현하기 위해 열심히 노력하며 산다. 돈도 가치 있는 일을 실현하기 위해 필요하다. 당신에게 가치 있는 일은 당신에게 소중한 사람과의 관계에서 찾을 수 있다. 배우자나 가족이든, 어려운 이웃이든, 세상에 당신을 필요로 하는 누구든……. 당신이 살고 싶은 삶의 모습, 특히 당신이 가장 소중하게 생각하는 사람들과의 관계와 역할 그리고 그들로부터 듣고 싶은 당신에 대한 평판을 생각하면서 당신의 재정습관을 점검해보라. 똑 같은 돈도 의미를 부여했을 때 가치가 달라진다.

주도성

변화의 궁극적인 목적지는 변하지 않는 것이다. 그것은 자신의 뿌리를 찾는 것이다. 그래서 의도적으로
만드는 것이 아니라 발견하는 것이다.

선택과 책임

어린이 경제교육을 할 때 가장 중요하게 다루는 것이 '선택과 책임'에 관한
것이다. 어린이들은 아직 선택하는 훈련이 되어 있지 않기 때문에 먼저 선택
하는 기준을 명확하게 정리 해 주고 자신의 선택에 대해 스스로 평가하도록
안내한다. 그리고 스스로 책임지도록 한다. 어린이들은 친구가 어떤 물건을
갖고 있으면 갑자기 갖고 싶은 충동을 느낀다. 그 때 '꼭 필요한 것'인지 '원하
는 것'인지 판단하게 하고 정해진 용돈에서 '원하는 것'에 돈을 쓰면 '꼭 필요한
것'을 살 수 없게 된다는 교훈을 가르친다.

갑자기 갖고 싶은 것이 생기면, 지금부터 용돈을 아껴 구매할 만큼의 돈을
모아 사도록 하는데 욕구가 지속되는 경우는 드물다. 시간이 지나면 갖고 싶

은 욕구가 사라 지는 경우가 대부분이다. 어린이들은 충동이 이성적인 판단이나 선택에 앞서기 때문이다.

책임감이라는 영어 단어는 responsibility이다. response와 ability가 합쳐져 이루어졌다. 즉 책임감이란 말은 어떻게 반응할지를 선택할 수 있는 능력을 말한다.

주도적인 사람은 주변 여건이나 상황, 감정에 따르지 않고 가치관에 따라 반응한다. 삶의 주인이 자기 자신이기 때문에 스스로 책임을 지려고 한다. 이들은 어떤 문제나 기회에 직면했을 때 즉각적으로 행동하지 않고 잠시 멈춘 다음 가치관에 따라 반응을 선택한다.

이에 반해 대응적인 사람은 가치보다 충동에 의해 반응한다. 그리고 스스로는 책임을 벗어나려 애쓴다. 자신의 결정과 선택이 어쩔 수 없는 것처럼 말한다. 자기를 둘러싸고 있는 현실은 자신이 선택한 결과가 아니고 환경이나 타인 때문에 이루어 진 것처럼 책임을 전가한다. 이들이 세운 비전이나 목표는 주변 여건이나 타인의 영향에 의해 쉽게 포기되거나 수정되기 때문에 의미를 갖지 못한다. 행동계획을 세워도 실천하지 못하는 경우가 더 많다.

주도적인 사람만이 자신의 삶을 계획하고 제대로 실천할 수 있다. 이들은 매우 적극적이며 자신의 말과 행동에 책임을 진다. 무엇보다 자신을 통제함으로 자기로부터의 변화를 통하여 원하는 상황과 관계를 만들어 나간다. 이들은 자신이 통제할 수 있는 영역에 에너지와 시간을 집중시킴으로써 점차 그 영역을 확대해 나간다.

오래 전부터 알고 지내는 A는 아파트 구입계획을 반 년 미루는 대신 가족과 함께 유럽여행을 다녀왔다. 지금 아이들에게 더 넓은 세상을 경험할 수 있도록 하는 것이 매우 소중하다고 생각했기 때문이었다. 아이들뿐만 아니라 본인과 배우자도 많은 것을 느끼고 배운 여행을 통해 그들의 삶에 대한 태도는 많이 바뀌었다. 짧은 가족여행이 그들의 일생 동안의 삶에 미칠 영향을 생각해볼 수 있을까? 어떨까?

재정관리에 있어서 주도성은 매우 중요하다. 주도적이지 못한 사람은 아무리 굳은 결심을 해도 자신이나 타인과의 약속을 지키지 못한다. 외부의 자극과 영향에 쉽게 굴복하고 계획을 수포로 돌려 놓는다. 이들은 환경이나 여건을 탓하고 불평만하며 자신을 변화시키려 하지 않는다.

우리 주변에는 재정적인 주도성에 영향을 주는 요인들이 많다. 극도로 상업화된 대중매체와 소비자의 행동 연구를 통한 기업의 마케팅 전략은 끊임없이 당장의 욕구를 채우라고 유혹한다. 미래소득을 끌어 쓰는 신용카드 소비는 심각한 상황이다. 부동산 담보대출을 비롯한 각종 부채는 서민들의 삶을 압박해 오고 있다. 왜곡된 정보로 소비자의 올바른 선택을 방해하는 잘못된 금융상품 판매 관행들도 주도성을 위협하고 자산 증식에 지장을 초래한다.

당신은 주도성을 방해하는 요인들로부터 얼마나 자유로운가? 만일, 가끔 즉흥적인 소비로 인해 후회한 적이 있다면, 필요하다고 생각하고 구입했는데

주도성

별로 활용되고 있지 않는 물건들이 생각보다 많다면 먼저 주도성을 방해하는 요인들로 인한 잘못된 소비 패턴을 개선하는 것이 현명한 재정관리의 출발이다. 재정관리에 있어 주도성을 방해하는 중요한 것들을 살펴보자.

:: 주도성을 방해하는 요인들

1. 신용카드

20여명 모인 친구들과의 모임에서 어떤 친구가 외쳤다. '친구들, 우리가 오늘 쓸 수 있는 돈이 최소한 3억 원은 넘으니 마음껏 즐겨보자!' 처음에는 무슨 말인지 이해가 안되었다. 그 친구의 말인 즉, 1인당 사용한도가 750만원인 신용카드 두 장씩만 가지고 있으면 친구들의 총 카드사용한도액은 3억 원이 넘을 것이라는 것이었다.

물질에 대한 소유욕은 누구에게나 있다. 많은 돈을 가지고 있다면 이것 저것 원하는 것을 구매할 수 있을 것이다. 만일 가진 돈이 한정되어 있다면 어떤 것이 더 큰 만족을 줄 것인가 선택 해야만 할 것이다. 당장의 만족과 미래의 더 큰 만족을 선택해야 할 경우도 있을 것이다. 아직 훈련되지 않은 아이들은 현재의 만족을 선택할 가능성이 크다. 그러나 성숙한 어른이라면 미래를 위하여 당장의 만족을 포기할 수 있을 것이다.

요즘 아이들은 자신이 좋아하는 음식만 먹고, 자신이 좋아하는 놀이만 하려는 경향이 강하다. 어렵고 힘든 일은 하려고 하지 않는다. 그런데 인생은 구미가 당기는 일로만 채워져 있거나 내가 원하는 상황만 펼쳐지지 않는다. 삶의 고비고비에서 어려움을 극복하는 것이 성장이고 발전인데 쉬운 길만 선택하면 무엇을 할 수 있겠는가? 진정한 삶의 의미는 참고 견디며 시련을 극복하는 데서 찾을 수 있다고 스캇 펙 박사는 말하지 않았던가?

준비되지 않은 사람에게도 내일이 아닌 오늘 당장 구매할 수 있는 자격을 부여하는 것이 있다. 바로 신용카드이다. 신용카드가 없는 생활을 상상해 볼 수 있을까? 어떨까? 왠지 불안할 것 같기도 하고, 불가능 할 것 같기도 하다. 그만큼 신용카드는 우리의 삶과 밀접한 관계를 가지고 있다고 할 수 있다.

무이자 3개월의 유혹에 망설이던 구매를 결정한 적이 있는가? 당신에게 돌아올 혜택을 꼼꼼하게 계산해보고 결정하였는가 아니면 단지 무이자이기 때문에, 즉 아무것도 손해 볼 것이 없다고 생각하고 결정하였는가?

당신에게 돌아올 혜택은 얼마나 될까? 예를 들어보자. 당신에게 여유가 생기면 가장 먼저 사고 싶은 물건이 있다. 시계나, 외투, 핸드백이든 뭐든 100만원쯤 한다고 치자. 3개월 후에 일시불로 갚기로 한다면 100만원에 대한 3개월 분 이자만큼 혜택을 보게 되는 셈이다. 3개월 동안 연리 4%인 금융상품에

100만원을 맡기면 세 후 25,380원을 이자로 받게 된다. 월 8,460원이다. 3개월 무이자로 100만원 짜리 물건을 사면 월 8,460원의 혜택을 보는 셈이다. 3개월 후 일시불이 아니라 3개월 동안 할부로 갚게 되면 그 혜택은 더 줄어든다. 그렇게 매력적인 혜택은 아닌 것 같다.

어쨌든 당신이 받게 될 월 8,460원의 혜택은 아무런 대가를 지불하지 않는 걸까? 카드회사에서는 당신으로부터, 또는 이 거래로부터 어떤 이득을 얻게 될까? 그냥 당신을 위해 선행을 베푸는 걸까? 구매 할 돈이 없는 사람에게 3개월이나 먼저 물건을 쓸 수 있도록 했으니 상식적으로 생각해봐도 더 많은 대가를 요구 하지 않을까?

카드회사는 영리를 추구하는 기업이다. 일하는 직원들도 많다. 사무실도 곳곳에 많이 필요할 것이다. 카드를 모집하는 사원들과 그들이 일 할 공간도 필요하다. 뭘 가지고 운영할까? 바로 당신이 사용한 카드 실적으로 인해 그들의 수입이 발생하지 않을까? '나는 정해진 가격에 물건을 샀으니 손해 볼 게 없는데…'라고 생각할 수도 있다. 그렇다면 물건을 판매하는 회사가 부담하는 걸까? 마트나 백화점 같은 판매회사는 카드매출전표를 카드회사에 팔아서 현금을 확보한다. 이 때 수수료를 부담하게 된다. 당신이 구매하는 물건값에는 이미 여러 가지 비용이 고스란히 포함되어 있다는 사실을 알고 있는가?

요물단지 플라스틱에 대한 현대인들의 신뢰는 상상을 초월할 정도로 크다. 믿는 구석인 셈이다. 지갑에 카드만 들어 있으면 불안하지도 않다. 언제든지 카드만 꺼내면 해결할 수 있다. 체면을 구기지 않아도 된다. 지금 당장 돈을 지불하지 않아도 되고 천천히 갚아 나가면 된다. '다음달에도 월급은 받을 것이고 단지 한달 먼저 쓰는 것뿐인데 문제될게 있겠어!' 그리고 맘만 먹으면 언제든지 자신을 통제할 수 있으므로 카드사용을 중단하고 몇 달은 참을 수 있다고 생각한다. 그런데 그게 그렇게 쉽지 않다.

신용카드를 사용하고 제 때 갚기만 하면 사용 한도가 늘어난다. 그럴 때 금융회사에서는 '당신의 신용이 좋아졌다'라고 표현한다. 신용은 당신이 금융회사에 얼마나 기여를 했는가를 나타낸다. 만일 결재 기일을 어기는 등 금융회사와의 약속을 성실하게 지키지 않고 번거롭게 했다면 당신을 절대 곱게 봐 줄수가 없다. 그럴 때 금융회사에서는 '당신의 신용이 나빠졌다'라고 표현한다.

두 가지를 생각해볼 필요가 있다. 첫째, 신용은 언제 필요할까이다. 돈을 맡길 때 '당신의 신용에는 문제가 있으니 당신의 돈을 관리해줄 수 없습니다.'라는 말은 들을 수 없다. 만약 빌리는 돈보다 더 큰 자산가치가 있는 물건을 담보로 제공한다면 돈을 떼일 염려가 없을 테니 못 빌려줄 이유가 없다. 신용은 금융거래 특히 금융기관으로부터 담보를 제공하지 않거나 담보 가액이 빌리는 돈보다 적을 때 주로 필요하다. 그러니 돈 빌릴 일 없으면 신용 따위는 신경 쓰지 않아도 되고, 신용을 키우기 위해 금융회사 배를 불려줄 이유가 없다. 만일 앞으로 더 많은 빚을 만들 일이 있으면 신용을 잘 관리하기 바란다. 그렇지 않다면 당신과 별 상관없는 일들이다.

둘째, 신용한도가 늘어나면 소비규모도 커지는 경향이 있다는 것이다. 특히 신용카드 사용 한도가 커지면 그렇다. 생활 패턴이 신용카드 한도를 채우고 갚고를 반복하고 있다면 상당히 위태로운 상황이다. 만약 당신이 결재하는데 차질이 생긴다면 카드 한도는 줄어들 것이고 다른 방도를 찾아야 하기 때문이다.

이럴 때 좋은 방법이 있긴 하다. 신용카드 한 장 더 만드는 일은 그렇게 어려운 일이 아니다. 단지 어떤 카드로 결재해야 하나를 고민하는 수고 말고는 휴대하는데 불편함도 없고 특별히 문제가 될 게 없다. (그러나 지금부터 문제는 시작되었다.) 카드 한 장을 더 소유하게 되면 그만큼 사용한도도 커진다. 사용한도에 맞춰 소비규모가 커졌다면 이 번에는 좀 신경 써야 할 문제가 하나 생긴다. 어떤 카드로 결재해야 하냐는 이제 중요한 문제가 되었다. 자칫 잘못 계산하면 연체가 될 수 있기 때문이다. 이쯤 되면 사태는 심각해시기 시작했다. 신용카드대금 연체를 막기 위해 신용카드로 대출을 받고 있다면 심각한 상황이다.

연체가 되면 금융기관이 당신을 대하는 태도는 전혀 달라진다. 우선 터무니없는 이자를 부담하게 한다. 기간이 한 달이기 때문에 이자가 그다지 커 보이지 않을 수도 있다. 그러나 연리로 환산하면 20%를 훨씬 넘는다. 만일 당신이 그 금리로 꾸준히 저축할 수 있다면 바보가 아닌 한 반드시 부자가 될 수 있을 것이다.

신용카드 소비의 가장 큰 문제점은 지금 당장 돈이 없어도 물건을 살 수 있는 외상거래라는 데 있다. '외상이면 양잿물도 마신다'라는 속담이 있지 않은가? 외상이면 일단 사고 본다는 말일 것이다. 외상구매가 현금구매보다 47%

이상 더 소비한다는 조사 결과를 보면 외상구매 문제의 심각성을 알 수 있다.

주택 구입을 위해 대출이 필요한 신용이라면 신용카드 소비가 아닌 성실한 금융거래로도 충분히 가능하다. 수입의 일부를 꾸준히 저축한다면 당신이 주택을 구입할 시점에 당신의 성실성을 충분히 인정받을 수 있을 것이다.

신용카드 소비는 생각보다 많은 혜택을 주지 못한다. 물건 값 지불을 한달 미루어 주는 것 말고는 득 될 것이 없다. 단지 한 달이다. 만일 지금 당신이 카드부채로 인하여 스트레스를 느끼고 있다면 이 책의 '주도성의 실천'에서 제시하는 방법대로 성실하게 따라 해 보기 바란다. 매우 간단한 방법이니 독하게 맘만 먹으면 할 수 있을 것이다.

최근 보도자료에 의하면 우리나라에 발급된 신용카드는 총 1억 2,253만 장이라고 한다. 그 중 1년 동안 사용하지 않은 휴면카드 3,218만장을 제외한 9,035만장이 사용되고 있으며 2011년 1월부터 9월까지 사용 액이 415조 6,000억에 이른다고 한다. 이 추이대로라면 한 해 카드사용액은 554조를 넘을 것이다. 이 엄청난 액수가 카드사 매출의 대부분을 차지한다.

막연한 낙관적 예측과 신용카드 소비는 주도성을 심각하게 위협하여 계획을 실행하는데 차질을 가져오고 재정상황을 악화시킨다. 더 심화되면 '어떻게 되겠지'하는 매너리즘에 빠지게 되고 문제를 적극적으로 해결하려는 의지를 포기하게 한다. 후회하는 일이 많아지며 무엇보다도 자신에 대한 신뢰에 손상을 가져오게 되어 자부심과 자신감을 잃기도 한다.

신용카드를 사용하여 받을 수 있는 혜택은 대금결재를 겨우 한 달간 유예해 주는 것뿐이다. 그 알량한 혜택 때문에 계속해서 빚진 인생을 살 것인가? 당신이 카드 부채를 모두 해결하고 어느 정도의 비상금만 가지고 있다면 카드에 의지하지 않고도 충분히 잘 살 수 있다.

계속 끌려 다니듯 살 것인가? 악순환의 고리를 끊고 자유롭게 살 것인가?

2. 부채

성경 잠언은 '부자는 가난한 자를 주관하고 빚진 자는 채주(債主 : 채권자)의 종이 되느니라'라고 하여 빚이 얼마나 위험한지를 표현하고 있다. 그런데 요즘 미국을 비롯한 선진국들도 부채로 인한 많은 문제들이 수면 위로 떠 올라 서브프라임과 같은 심각한 위기 사태를 겪었고 그로 인한 후유증이 아직도 남아 있다.

최근 보도에 따르면 우리나라도 가계부채가 폭발적으로 증가하여 2012년에는 그로 인한 이자부담액만 연 57조원에 달한다고 한다. 금액 자체도 심각하지만 더 무서운 것은 갈수록 빨라지고 있는 부채의 증가 속도이다. 주택관련 대출을 제외하고 마이너스 통장이나 신용대출 등 소위 '생계형 가계대출'이 2011년 말 사상 최초로 250조원을 넘을 것으로 전망하고 있어 심각한 수준임을 말해주고 있다.

신용대출이나 주택담보대출, 신용카드 대금, 할부금, 사채, 보증, 계금을 미리 받아 쓰고 내야 할 곗돈 등이 부채에 해당된다.

부채는 지금 당장의 욕구를 해결하려는 것과 미래에 대한 낙관에서 비롯된다. 그러나 미래에 대해서는 신 이외에 누구도 알 수 없다. 언제든지 원치 않는 상황이 올 수 있으며 그 때는 더 많은 대가를 지불해야 한다. 요행히 위기에 처하지 않더라도 부채는 내가 번 소득을 모두 사용할 수 있는 권한을 빼앗아간다. 번 것 중 일부는 내 맘대로 어떻게 할 수 없고 원금과 이자로 갚아야만 하기 때문이다.

주택가격 상승이 저축과 투자로 인한 자산 증가 속도를 앞섰던 시절에는 대출을 통한 주택구입이 레버리지 효과를 가져왔을 뿐만 아니라 자칫 눈치 없게 행동하면 평생 무주택자 신세를 못 벗어날 수도 있었다. 만일 주택가격 상승이 저축이나 투자 등을 통한 자산 증가 속도보다 느리다면 주거용 주택 말고는 누가 빚을 내어 집을 사겠는가?

아래 사례는 1억 원을 연 이자율 8%에 빌려 아파트를 장만하고 20년 동안 원금과 이자를 균등하게 갚아 나가는 내용이다. 20년쯤 지나면 아파트(건물) 자체의 가치는 크게 하락할 것이므로 부동산(토지)의 가치가 상승하지 않는다면 현명한 투자 방법이 아니라는 것을 알 수 있다.

대출원금	100,000,000
대출이율	8.00%
상환기간	240개월
상환조건	원리금 균등상환

이상한 가계부

(단위: 원)

상환번호/달		상환금액	이 자	원 금	원금잔액
1	1월	819,150	643,403	175,747	99,824,253
2	2월	819,150	642,272	176,878	99,647,375
3	3월	819,150	641,134	178,016	99,469,359
4	4월	819,150	639,989	179,161	99,290,197
5	5월	819,150	638,836	180,314	99,109,883
6	6월	819,150	637,676	181,474	98,928,409
7	7월	819,150	636,508	182,642	98,745,767
8	8월	819,150	635,333	183,817	98,561,950
9	9월	819,150	634,151	185,000	98,376,951
10	10월	819,150	632,960	186,190	98,190,761
11	11월	819,150	631,762	187,388	98,003,373
12	12월	819,150	630,557	188,594	97,814,779
연 총계		9,829,803	7,644,582	2,185,221	—

※ 만기시 상환 총금액	대출원금	100,000,000
	대출이자	96,596,054
	합 계	196,596,054

매월 819,150원씩 상환하여야 한다. 1년 차에 상환한 원리금은 9,829,803원인데 그 중 원금은 2,185,221원, 이자는 7,644,582원이다. 20년 동안 총 상환 금액은 약 1억9,660만원이며 원금과 이자가 거의 비슷하다는 것을 알 수 있다.

중요한 것은 가족의 구성이나 수, 필요한 공간 등 자신의 상황을 고려하여 적합한 주거용주택을 갖는 것이다. 그리고 주거용주택과 관련된 부채 이외에는 어떤 부채도 지지 않는 것이다. 물론 주거용주택에 대한 부채로부터 자유로워지는 것도 재정관리의 목표 중 하나이다. 아무런 부채도 없이 저축과 투자를 통해 자산을 쌓아 간다면 돈으로 인한 고통은 없을 것이기 때문이다.

심각한 것은 소득보다 지출이 많아 발생하는 생활 부채이다. 궤도를 이탈한 기차와 같이 정상적인 삶의 궤도를 벗어 났다는 얘기다. 시간이 갈수록 부채는 증가할 것이다. 당연한 이야기다. 벌어들이는 소득 중에서 자기 맘대로 지출할 수 있는 돈이 갈수록 줄어들기 때문이다.

소득을 조정할 수 없다면 지출을 관리할 수 밖에 없다. 피터 드러커는 '측정할 수 있으면 관리할 수 있다'고 했다. 먼저 지출 현상을 정확히 파악하고 예산을 수립하여 그 범위 내에서 사는 훈련을 지속할 수 있어야 난관을 극복할 수 있다.

주거용 주택융자금을 외에 어떤 부채도 없는 상황에서 계좌에 돈이 쌓여간다면 얼마나 당당하고 만족스럽겠는가? 당신도 부채를 청산하겠다는 각오만 있다면 얼마든지 가능하다.

3. 상업광고

아버지로부터는 아들을, 아들로부터는 아버지를 빼앗아가는 것은 무엇일까? 바로 TV다. 지나친 표현이라 말하는 사람도 있을 것이다. 정확하게 TV 시청 지침을 정하고 있지 않다면 맞는 말이다. 둘이 같은 화면을 보고 있어도 생각이 서로 다르다. 대화도 하지 않는다. 그래서 대화가 되지 않는다.

채널은 또 얼마나 많은가? 보고 싶은 프로그램이 겹치면 저장했다가 보는 방송도 있고 기계도 있다. 몇 년 전 방송을 다시 보여주기도 한다. 여러분은 TV를 보는데 얼만큼의 시간을 소비하는가? 미국의 어린이들은 학교 수업시간보다 TV를 보는 시간이 더 길다고 한다. 우리의 경우는 어떨까?

다큐멘터리와 같은 훌륭한 프로그램들은 지식과 정보, 사고를 확장시켜준다. 정서적으로 도움을 주는 방송도 많다. 그러나 그런 프로그램은 여러분이 가족과 함께 편안한 휴식을 취하는 시간에는 방송하지 않는다. 주로 오락이나 드라마와 같은 감각적이고 쾌락적이어서 시청자의 시선을 끌어들일 수 있는 프로그램을 주로 방송한다. 당신은 등장하는 인물들과 상황들을 통해 여러분의 삶을 본다. 비교하게 되고 설득된다. 이 시간대에 전파를 타는 상업광고는 가장 비싼 값을 치른다. 왜 그럴까? 비싼 값을 치른 만큼의 값어치가 있기 때문일 것이다.

고도로 전문화된 상업광고는 당신의 소비욕구를 자극한다. 홈쇼핑에서는

이상한 가계부

'마지막 기회'를 외쳐대며 당신이 전화기를 들도록 독려한다. 덤으로 몇 가지 물건을 더 얹어 준다고 한다. 몇 개 안 남았다고 한다. 10개월 무이자 할부! 마감 10분전!! 그걸 보고 있으면서 견디는 것은 극기 훈련이다.

아무리 싼 물건도 사용하지 않을 물건은 가장 비싼 것이다. 언젠가 쓸 거라고? 미리 구입해서 집에 놓고 있는 물건이 없는 사람은 말할 자격이 있다. 그러나 나머지는 아니다.

그들은 벌고 당신은 쓰게 하는 것이 상업광고라는 사실을 명심하라.

나는 5년 전 TV를 처분했다. 처음에는 다소 불편하기도 했다. 그러나 가족과의 대화 시간, 독서 시간, 수면 시간을 늘릴 수 있었다. 이런 것들이 TV를 봄으로써 누릴 혜택보다 더 적다고 생각하는가? 아예 없애는 것이 자신 없으면 가족들과 함께 TV 시청에 대한 합리적인 지침을 정해보라. 그것만으로도 상황이 많이 바뀔 것이다.

4. 충동구매

다른 사람의 처지를 내 삶에 대입하는 것을 비교라 하는데 재정적으로 부정적인 영향을 준다는 것에 대해서는 앞에서 말한 바 있다. 비교와 신용카드 소비, 부채에 대한 태도, 상업광고 등이 절묘하게 결합하면 충동구매라는 늪에 빠지기 쉽다. 평소 사려고 생각했던 물건이 아닌데도 세일 때문에, 홈쇼핑을 보면서 자기도 모르게 물건을 구매했다면 충동구매를 의심해 보아야 한다. 충동구매가 반복되면 쇼핑중독이 되기 쉽다. 자신도 모르게 발작하여 당신의 재정을 위태롭게 한다는 데에 심각성이 있다. 이 병은 다른 중독성 질병과 같이 일시적으로는 쾌락과 만족을 제공하지만 그 상태에서 벗어나면 공허할 뿐만 아니라 소중한 삶의 가치들을 희생시키면서 또 다시 쾌락을 추구하려 한다.

중독이 의심되면 첫째, 구입하고자 하는 물건의 목록을 작성하고 그 이외의 물건을 사지 않도록 해 보자. Mart나 백화점에 갈 때는 오늘의 구매목록을 먼저 작성하라. 자칫하면 구매목록에 없는 물건에 솔깃하거나 구매할 수도 있다. 처음부터 완벽하게 통제 되지는 않을 것이다. 반드시 피드백을 하고 스스로 평가하는 시간을 가져라. 그러면 점점 자신의 구매 행동을 통제할 수 있게 될 것이다. 둘째, 신용카드를 버려라. 현금으로 지불하거나 한 달 예산만큼만 채워진 체크카드를 사용하라. 당신의 돈 주머니가 줄어드는 것을 피부로 느끼면서 물건을 사는 경우에는 아무래도 더 주의를 할 수 밖에 없다. 셋째, 물건을 살 기회를 피하라. 백화점을 배회하면 시간과 돈 두 가지 모두를 써야 한다. 홈쇼핑 화면을 쳐다보고 물건을 사지 않는 것은 극기훈련이라고 했다. 그런 환경으로부터 멀어져라. 넷째, 심신에 이로운 취미 활동을 하라. 등산이나 수영 등 운동을 한다면 몸과 마음 모두 건강해 질 것이다. 당연히 쇼핑을 취미로 하는 것보다 당신의 재정도 튼튼해질 것이다.

물건의 소유나 사용으로 얻는 만족도 중요하지만 갖고 싶은 물건을 구매할 계획과 준비하는 과정도 당신의 삶을 행복으로 채워줄 소중한 경험일 것이다.

5. 강제 저축

경제용어로 강제저축은 '물가의 상승으로 소비지출이 절약되어 이루어지는 저축'을 말한다. 소득은 그대로인데 물가가 오르면 실질 소득이 감소하는 결과가 되므로 오히려 소비를 줄여 저축을 하는 경우를 말한다. 이 경우라면 나쁘지 않다. 환경의 영향을 받지만 주도성을 잃은 것도 아니고 손해도 아니기 때문이다.

다른 곳으로 빠져나가기 전에 급여의 일부를 저축통장이나 투자계좌에 자동이체 하여 저축을 강제하는 경우를 말하기도 한다. 이 경우도 나쁘지 않다. 특히 사회생활 초기부터 이런 방식의 저축이 생활화 된다면 불편하지 않으면서 자연스럽게 많은 자산을 모을 수 있다.

저축보험의 경우 가입초기에 사업비가 많이 부과되기 때문에 일정기간이 경과해도 원금보다 적립금이나 해약 환급금이 적다. 이 때 원금을 손해보지 않으려고, 어쩔 수 없이 해약하지 못하고 불입하는 저축을 강제저축이라 하기도 한다. 이 때는 좀 문제가 있다. 목적이나 계획이 없이 가입한 것이 첫 번째 문제이고 목적 없이 유지하는 것이 두 번째 문제이다. 원금이 나온다고 당신에게 유리 할 것은 별로 없다. 이미 떼어간 사업비용을 돌려 주기 때문에 당신의 환급금이 늘어나는 것이 아니라 당신이 불입하여 쌓아 놓은 돈과 계속 불입하는 돈이 원금을 만들기 때문이다.

어떻게든 돈만 모을 수 있으면 괜찮지 않느냐고 물을 수 있을 것이다. 이런 강제저축이 반복되는 것이 문제다. 원금이 되면 해약하고 또 이런 금융상품을 선택하는 것이 반복된다면 당신의 자산이 늘어나는데 장기적이고 지속적으로 좋은 결과를 내는 효과성은 고사하고 효율성마저도 그다지 좋지 않다. 몇 년을 불입하여 겨우 원금을 찾았는데 그 돈을 써야 할 목적도 분명하지 않다면 그 돈이 제대로 남아 있지도 않을 것이다. 게다가 똑같은 방법을 반복한다면 명확한 목적을 위해 꾸준히 저축하는 것보다 훨씬 적은 돈이 당신에게 남아있을 것이다.

자신의 삶을 주도하는 사람은 비전과 인생계획에 따라 재정계획을 세운다. 강제저축은 주도적이지 못한 사람들이 어떻게든 자신의 소비욕구를 억제하기 위해 선택하는 불가피한 방법이기는 하지만 돈 자체가 아니라 행복하게 사는 것, 즉 과정도 행복하길 바란다면 목적과 의미가 있는 자산 형성과정도 당신의 마음을 설레게 해야 하지 않을까?

주도성을 확대하라

앞에서 주도적인 사람만이 자신의 인생을 계획하고 실천할 수 있다고 지적했다. 환경이나 타인의 영향이 아닌 내면으로부터의 안정감을 통해 의미 있고 가치 있는 삶을 그릴 수 있는 힘이 있는 것이다. 주도적인 사람들은 자신의 계획을 실천할 올바른 지침을 따름으로 시행착오를 줄이고 소중한 경험을 통해 지혜를 얻게 되며 이 지혜는 더 정교하고 정확한 지침을 얻게 한다. 안정감과 지침, 지혜는 능력과 성과를 낳게 되고 다시 상호 긍정적인 영향을 미치게 된다.

재정적인 주도성을 확대하기 위해서는 먼저 자신의 현상을 정확하게 파악하여야 한다. 즉 자신이 어디에 서 있는지 알아야 한다. 그리고 주도성을 방해하는 요인들에 대해 완벽하게 대처할 수 있도록 준비 해야 한다.

이를 위해 지금까지 경제 활동을 통해 형성한 자산, 부채 등의 재정상태와 매월 수입과 지출의 흐름 분석을 통해 재정의 건강 상태를 진단 해보자. 이 진단결과는 미래의 건강한 재정을 위한 계획을 세우는데 중요한 근거가 될 것이다.

재정적 주도성을 방해하는 요인들에 대처하기 위하여 가장 먼저 해야 할 일은 비상금을 준비하는 것이다. 예기치 않은 상황으로 인하여 계획에 차질이 발생하지 않도록 하기 위해서는 반드시 적정한 비상금을 준비해야 한다. 그런 다음에 부채상환을 시작 할 것이다. 그리고 당신의 주도성의 근육을 키우는데 도움을 줄 조언에 대해 살펴보자.

1. 재정상태 파악

먼저 지금의 재정상황에 대해 파악해보자. 지금까지 형성된 자산과 부채의 현황을 살펴보고 매월 수입과 지출에 대해 정리해보자. 현재 상황에서 자산과 부채를 가장 효율적으로 관리하고 현금흐름에서 새는 돈을 막아 저축과 투자를 최대한 늘려 재무목표를 달성하기 위한 미래의 재무상태를 만드는 것이 재정관리의 목적이다.

가. 재무상태표

특정 시점의 재정상황을 알기 쉽게 정리한 것이 재무상태표다. 현금, 주식, 펀드, 부동산 등 자산과 부채가 얼마나 되는지 어떻게 구성되어 있는지 보여준다. 재무상태표 작성을 통하여 유동성이 적정한지, 부채의 내용 및 현황, 순자산 증감 등을 파악할 수 있고, 현재의 자산규모 및 자산배분 현황을 파악하여 현재 자산의 기대수익률 및 미래 재무상태를 예측할 수 있다.

아주 세세하게 적을 필요는 없다. 빠짐없이 충실하게 작성하는 것이 더 중요하다. 그리고 재정상황이 개선되었는지 1년에 한 번씩은 정기적인 점검이 필요하다.

(단위 : 만원)

자 산		부채 / 순자산	
항 목	금 액	항 목	금 액
유동성 자산 보통예금 CMA/MMF		**단기 부채** 마이너스통장 은행대출 할부 카드대금 보험대출 기타	
채권형 자산 예금/적금 채권펀드 기타 채권형			
주식형 자산 주식펀드 직접투자 기타 주식형		**중장기 부채** 신용대출 담보대출 임대보증금 할부 개인채무 기타	
연금 자산 공적연금 개인연금			
기타 금융 자산		**총 부채 합계**	
부동산 자산 주택 기타 부동산			
기타 자산 퇴직금 자동차 보석 기타			
총 자산 합계		**순자산 합계** **(총자산−총부채)**	

나. 현금흐름표

일정기간의 현금의 유입과 유출을 작성한 표를 현금흐름표라 하는데 현금흐름을 파악하는 것은 저축과 투자 능력을 파악하고 재무적으로 문제가 있는지, 소득 범위 내에서 생활하고 있는지를 확인하기 위해서이다.

(단위 : 만원)

유 입		유 출	
항 목	금 액	항 목	금 액
사업/근로소득 　본인 　배우자		적립투자 　채권형투자 　주식형투자 　부동산(실물) 　파생상품투자 　기타금융자산	
투자소득 　금융소득　　이자 　　　　　　배당 　부동산　　　임대 　연금소득　　공적 　　　　　　퇴직 　　　　　　개인		고정지출 　부채상환금 　각종보험료 　기타고정지출	
기타소득 　일시재산소득 　상속/증여소득 　기타소득		변동지출 　생활비 　육아/교육비 　교통/통신비 　기부금	
		기타지출	
미파악소득		미파악지출	
유입합계액		**유출합계액**	

현금흐름을 파악하기 위해서는 최소 3개월 이상 수입과 지출현황을 꼼꼼히 기록해볼 필요가 있다. 우선 3개월간 기록된 자료가 있으면 그것으로, 없으면 지금부터 3개월간 작성하라. 3개월 간의 월 평균치를 기준으로 현금흐름표를

작성하라.

가) 수입(세후 수입기준)

(단위 : 만원)

구분	( )월	( )월	( )월	월평균
본인소득				
배우자소득				
임대소득				
이자, 배당소득				
연금, 기타소득				
총 수입				

나) 저축 및 투자

(단위 : 만원)

구 분		( )월	( )월	( )월	월 평균
정기적 투자	채권형				
	주식형				
	파생상품형				
	기타				
정기적 투자 소계					
비정기적 투자	채권형				
	주식형				
	파생상품형				
	기타				
비정기적 투자 소계					
투자 총합계					

메모

다) 지출

㉠ 고정지출

구 분		( )월	( )월	( )월	월 평균
부채 상환	단기부채상환				
	장기부채상환				
	기타 부채상환				
부채상환비용 소계					
주거 관련 지출	임차료(월세 등)				
	주택관리비				
	주거관련비용				
	통신비(TV,인터넷)				
주거관련지출 소계					
자녀 관련 지출	교육비				
	자녀양육비				
	기타				
자녀관련지출 소계					
보험료	보장성보험료				
	기타보험료				
보험료 소계					
기타 고정지출					
고정지출 계					

메모

ⓒ 변동지출

(단위 : 천원)

구 분		( )월	( )월	( )월	월 평균
가족 생활 지출	식품비				
	외식비				
	의복비				
	전화통신비				
	차량유지비				
	대중교통비				
	여가활동비				
	자녀양육비				
	부모님 용돈				
	자녀 용돈				
	기타				
가족생활지출 소계					
사회 생활 지출	식비				
	용돈				
	회식 기타 모임				
	경조사비				
	기타				
사회생활지출 소계					
기타변동지출					
변동지출 계					

고정 및 변동지출 합계	( )월	( )월	( )월	월 평균

메모

ⓒ 분기, 반기, 연단위 및 이벤트성 지출

(단위 : 천원)

구 분	3년전	2년전	1년전	평균
재산세				
주민세				
자동차세				
자동차보험료				
설명절비용				
추석명절비용				
휴가비용				
기타 이벤트 비용				
합계				

메모

재무상태와 현금흐름 파악을 통해 부채현황과 상환능력을 파악하고 필요자금에 대한 준비 정도를 판단하여 재정관리 7단계의 절차 가운데 몇 단계부터 진행할 것인지 판단할 수 있다.

2. 비상금 마련 1단계

살다 보면 늘 예기치 않은 일이 생기게 마련이다. 갑자기 몸이 아플 수도 있고, 실직할 수도 있다. 맞벌이를 중단해야 할 경우도 생긴다. 차가 갑자기 멈추어 설 수도 있고, 갑작스런 사고로 사망하거나 중대한 장해를 당할 수도 있다.

언제든지 예고 없이 발생할 수 있는 갑작스러운 지출은 재정계획을 실천하는데 지장을 초래하며 의욕을 꺾어 놓기도 한다. 이 때를 대비하기 위한 수단이 필요하며 이것이 비상금이다.

비상금을 마련하지 않으면 갑작스런 일이 발생했을 때 신용카드에 의존하게 되거나 계획했던 저축과 투자를 중도에 포기하게 된다. 지금까지 그런 경험이 있다면 비상금의 필요성을 공감할 수 있을 것이다.

비상금은 손해 없이 언제든지 찾아 쓸 수 있도록 유동성이 풍부한 금융상품에 넣어 두는 것이 좋다. 높은 수익을 기대하기 보다는 필요할 때 즉시 찾아 쓸 수 있어야 한다. 증권사의 CMA를 활용하면 입출금도 자유롭고 다른 유동성 금융상품보다 더 많은 이자도 받을 수 있다.

비상금은 쇼핑하거나 여행을 가는데 쓰기 위한 것이 아니다. 예기치 않은 상황, 즉 미리 예측할 수 없는 상황을 위하여 준비하는 것이다. 카드나 마이너스통장으로 비상금을 활용하는 것이 어떠냐는 사람들도 있다. 비상예비자금을 써야 할 경우가 아니더라도 신용카드를 써야 할 경우는 늘 있으며 비상금을 빙자한 소비 지출의 증가로 재정상황에 악영향을 줄 우려만 커질 뿐이다. 빚을 지지 않고 해결할 방법이 있는데 굳이 빚을 이용할 필요가 있겠는가?

비상금은 최종적으로 월 생활비의 3~6개월 분 정도를 준비해야 한다. 그러나 1단계에서는 100만원만 준비하도록 한다. 비상금 통장을 마련하여 100만원을 채워라. 최대한 빨리, 가급적이면 한 달 내에 채워라.

부채를 갚는 것이 먼저 아니냐고 할 수 있다. 그러나 부채를 상환하는 과정에서 예기치 못한 긴급 상황이 발생하여 좌절하거나 포기하는 경우를 방지하기 위해서는 먼저 비상금을 마련해야 한다.

중요한 것은 이 때부터는 새로운 부채를 만들지 않아야 한다는 것이다. 당연히 신용카드를 사용해서도 안 된다.

3. 부채상환

부자가 되기 위해서는 번 돈보다 적게 써야 한다. 소득이야말로 재정의 원천이고 출발점이다. 이것마저 관리하지 못하고서 부자가 된다는 것은 불가능하다. 아무리 많이 벌어도 번 것보다 더 많이 소비한다면 빚만 쌓여 갈 것이기 때문이다. 원인이야 어떻든 부채는 심리적, 재정적으로 삶을 압박한다. 신용카드 부채든, 할부든, 주택담보 대출이든 아무런 부채도 없다면 훨씬 홀가분하지 않을까?

부채는 생활을 나아지게 하기 위해 남의 돈을 끌어 써서 언젠가는 지불해야 할 돈을 말한다. 그러므로 부채는 당장은 만족을 줄 수 있겠지만 장차 원금에 이자를 더해 반드시 갚아야 하기 때문에 소득이 일정하다면 가용할 수 있는 돈은 점점 줄어들게 되므로 더 많은 부채를 질 가능성이 커진다. 심한 경우 매월 생활비와 부채상환 원리금 때문에 스트레스에 시달려야 한다. 빈틈없이 타이트하게 짜여진 재정계획 속에서 사는 부담과 고통, 그리고 제약들을 즐기기로 했다면 모를까 진정한 부자가 되기 위해서는 먼저 돈으로 인한 스트레스로부터 자유로워져야 한다.

부채 상환을 위하여 가장 먼저 할 일은 부채 목록을 작성하는 것이다. 내가 어떤 부채를 얼마나 지고 있고 언제까지 갚아야 하는지 정확하게 알아야 하기 때문이다. 당연히 부부가 함께 작성하여야 빠짐없이 정확하게 작성할 수 있다. 항목을 나누어 적어보자.

일반 구매부채

채권자	구매항목	월 납부액	잔액	상환일	이자율	체납횟수
합계						

주도성

자동차 할부

자동차할부	월 납부액	잔액	상환일	이자율	체납횟수
합계					

주택담보 대출

주택담보 대출	월 납부액	잔액	상환일	이자율	체납횟수
합계					

사업자금 대출

사업자금 대출	월 납부액	잔액	상환일	이자율	체납횟수
합계					

1) 월 납부액 : 매월 납부해야 하는 금액을 적는다. 납부기간이 월보다 길거나 짧으
   면 월 평균금액을 적는다.

2) 잔액 : 남은 부채액

3) 상환일 : 부채 전액을 갚아야 하는 날짜

4) 이자율 : 부채에 대한 이자율

5) 체납 횟수 : 지불 기한이 지난 납부금의 횟수

그리고 각 부채 별로 매월 갚아야 할 최소금액을 계산하여 합산하라. 매월 상환할 최소금액을 제외한 나머지를 순서를 정해 갚아 나갈 것이다.

　　여러 개의 부채 중 금액이 적은 것부터 갚아나갈 것이다. 그것은 두 가지 측면에서 의미가 있다. 하나는 큰 부채보다 작은 부채를 먼저 갚아나감으로써 부채 청산의 자신감을 심어주기 위해서이다. 또 하나는 첫 번째 부채를 모두 갚고 난 다음 두 번째 부채를 갚을 때는 첫 번째 부채상환금액과 두 번째 최소 상환금액이 더해져 부채의 청산 속도가 빨라진다는 것이다. 세 번째, 네 번째 는 더욱 빨라질 것이다.

　　예를 들어보자.

（단위 : 만원）

	부채1 상환액/ 잔액	부채2 상환액/ 잔액	부채3 상환액/ 잔액	부채4 상환액/ 잔액	부채5 상환액/ 잔액	월 상환액/ 잔액
총 부채액	20	30	80	200	700	1,030
최소상환액	10	10	10	20	30	80
1차월	20/0	20/10	10/70	20/180	30/670	100/930
2차월		10/0	40/30	20/160	30/640	100/830
3차월			30/0	140/20	30/610	200/630
4차월				20/0	80/530	100/530
5차월					100/430	100/430
6차월					200/230	200/230
7차월					100/130	100/130
8차월					100/30	100/30
9차월					30/0	30/0

1) 총 부채액 : 부채1+부채2+부채3+부채4+부채5

   1,030만원 = 20만원+30만원+80만원+200만원+700만원

2) 최소상환액 : 월 할부금처럼 매월 갚아야 할 최소금액

   갚지 않으면 불이익이 생기는 경우 갚아야 할 최소금액

3) 최소상환액을 제외한 나머지 금액은 부채 상환 순서에 따라적은 금액부터 상

   환함

이 경우 부채는 부채1부터 부채5까지 다섯 가지에 금액은 총 1,030만원이다. 매월 최소 80만원을 상환해야 한다. 보통은 80만원씩 최소상환금액만 상환하면서 하나가 끝나는 것에 맞춰 적당한 새로운 부채를 만들고 이것이 반복된다. 부채는 줄어들지 않고 월급을 받아도 이것 저것 정리하고 나면 남는 것이 없는 재미없는 생활이 계속될 수 밖에 없다.

부채를 청산하겠다고 작정을 하면 예산을 최대한 빡빡하게 세워서 부채상환금액을 최대한 늘려야 한다. 위의 사례에서 20만원씩 추가 상환능력이 있다고 하면 매월100만원씩 상환할 수 있다. 새로운 부채를 만들지 않고 연말정산 환급금이나 보너스도 최대한 부채청산에 활용하도록 하자. 3개월에 보너스 중 100만원씩만 부채 상환에 활용한 위의 사례에서도 9개월째부터는 통장에 돈이 쌓이기 시작한다. 1년이 되는 시점에서는 통장에 570만원이 쌓이게 된다. 그리고 갈수록 속도는 빨라진다. 위 사례에서 알 수 있듯이 소득과 지출을 관리하는 것만으로도 당신은 부자가 될 수 있다. 지출은 관리하지 않은 채

수익률만 쫓는 다는 것은 요행에 인생을 맡기는 것 밖에 안 된다.

카드부채를 청산하고 난 다음 생활비의 1개월 분 정도를 비상금으로 마련하여야 한다. 그 다음 단계에는 일반부채를 완납하도록 할 것이고 3개월 분 생활비 정도의 비상금을 마련함으로써 부채청산과 비상금 마련 계획을 완성할 것이다. 이때 절대 새로운 부채를 만들어서는 안 된다. 신용카드를 사용 해서도 안 된다. 현금이나 체크카드를 사용하라. 아주 급박한 상황이 아니라면 평소 생활하는데 필요한 한달 분 생활비 범위에서 모두 해결할 수 있을 것이다. 예기치 않은 상황을 대비하기 위해 마련해 놓은 비상금은 어쩔 수 없는 경우에만 사용하라. 만일 비상금의 일부를 사용한 경우에는 비상금부터 다시 채우고 다음 단계를 진행하도록 해야 한다. 반드시 단계를 밟아서 진행해야 한다.

부채상환이 완료되면 매월 부채 상환 금액을 자연스럽게 저축과 투자 전략으로 전환하여 자산을 형성해 나갈 것이다. 부담스러운 부채상환을 통하여 저축 훈련을 할 수 있다니 빚을 지고 있는 것이 오히려 전화위복의 기회가 될 수 있다고 생각하라.

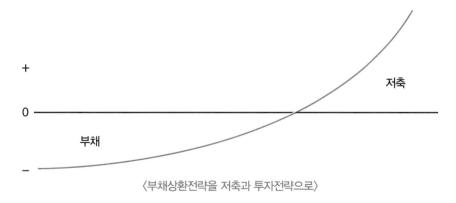

〈부채상환전략을 저축과 투자전략으로〉

주도성

4. 자동차 할부금

자동차 할부금으로부터 영원히 벗어날 수 있는 방법은 없을까? 지금 당장 갖고 싶은 차를 몇 년만 참으면 똑같은 재정적 부담으로도 영원히 빚지지 않고 탈 수 있다. 매월 50만원씩 36개월 할부로 구입하고 싶은 차가 있다면, 새 차를 할부로 이미 구입했다고 생각하고 할부금으로 지불할 돈을 지금부터 저축해라. 그러면 채 36개월이 되기 전에 새 차를 구입할 수 있는 현금이 마련될 것이다. 다음에도 이와 같은 방법으로 준비하면 영원히 빚지지 않고 내가 원하는 차를 탈 수 있게 된다. 무슨 차이가 있냐고 물을 것이다. 당연히 할부에 따른 각종 비용을 절약할 수 있을 뿐만 아니라 외상구매로 인한 과소비의 태도를 막을 수 있다.

만일 3년쯤 지난 중고자동차를 구매하면 재정에 더 큰 도움이 된다. 보통 중고자동차 가격은 1년부터 3년 사이에 가장 크게 하락하고 이후에는 조금 완만해 지는 경향이 있다. 내가 산 새 차도 마찬가지로 3년 후가 되면 현저하게 가격이 떨어진다. 그런 점을 고려한다면 3년쯤 지난 중고차를 구매하는 것이 재정상황을 호전시키는데 큰 도움이 될 것이다.

이 때에도 필요금액을 미리 저축하여 현금으로 구매하기 바란다. 현금을 쥐고 있으면 신용구매를 하는 경우보다 더 할인된 가격으로 구매할 수 있다. 판매자의 입장을 생각해보면 현금으로 받고 할인해주는 것이 결코 불리한 협상이 아니기 때문이다. 각종 수수료도 아낄 수 있고 할인도 받을 수 있다면 이

방법이 가장 유리한 방법이 아닐까? 사소해 보이겠지만 재정에 관한 태도와 습관을 형성하게 되면 큰 차이를 만든다는 것을 기억하라.

5. 주택담보 대출

부채 중 가장 큰 부분을 차지하는 것이 주택관련 대출이다. 안정된 주거는 인간의 기본적인 욕구이니 무리해서라도 살 집을 마련하고자 하는 것은 당연한 일일 것이다. 게다가 집이 있든 없든 주거비용은 부담해야 하는 것이고 집 값이 금융자산투자에 의한 수익보다 더 오른다면 부동산투자 방법을 선호 할 것이다. 즉 부동산은 주거와 투자의 두 가지를 추구할 수 있는 것이다.

상담을 하다 보면 현재 거주하고 있는 집이 가족의 수나 필요한 공간, 위치 등을 고려했다기 보다 금액에 맞춰진 경향이 있다. 그리고 자금의 여유가 생기면 평수를 늘리거나 가격이 더 비싼 지역으로 이주할 계획을 세운다. 부동산은 사 두면 가격이 오를 것이라는 기대가 있기 때문이다. 만일 가격이 떨어질게 뻔하다면 그렇게 하지 않을 것이다.

주거용 부동산과 관련해서는 인식의 전환이 필요하다. 주거용 부동산가격이 과거처럼 오르지만은 않을 것이기 때문이다. 개발, 성장과 함께 자산가치가 급격히 상승하던 시절과 달리 지금은 매우 안정적이며 개발지역이 한정된다는 점과 인구구조의 변화로 인하여 주택수요가 줄고 있다는 점, 경제활동을 시작하는 세대가 지나치게 올라버린 비싼 주택을 구입할 수 없다는 점, 전세금이 시세에 육박하고 있는 것을 볼 때 소유개념에서 사용개념으로 바뀌고 있다는 점 등을 생각해야 한다.

크면 클수록 넓으면 넓을수록 좋다는 생각에서 가족 수와 추구하는 주거환경, 원하는 시설과 공간에 맞는 주택을 보유하는 것을 제외하고 나머지 자산은 목적에 맞게 배분하는 것이 현명한 방법이라는 인식의 전환이 필요하다.

주택을 구입하고 융자금을 상환하는 것은 어느 정도 목적자금을 준비하면서 함께 해야 할 것이다. 가격변동으로 인한 시세차익을 기대하지 못하는 상황이라면 주택을 보유할 때 지불해야 할 비용 정도면 얼마든지 빌려 살 수 있지만 다른 목적 자금은 준비하지 않으면 안되기 때문이다. 앞으로는 '집 팔아 해결하지 뭐'하는 생각은 옳다고만 할 수 없다.

6. 조언

재정적인 문제를 개선하게 위해 어떤 변화를 시도한다는 것은 결코 편안한 일이 아니다. 더군다나 자신의 재정형편을 남들에게 보여준다는 것은 썩 내키는 일이 아니다. 그러나 고질적인 재정적자의 악순환에서 벗어나려면 자신의 노력 못지 않게 누군가의 올바른 조언이 필요하다.

재정문제에 관하여 조언을 구하는 것은 주도성을 잃는 것이 아니다. 사람은 혼자서 모든 문제를 지혜롭게 해결할 수 없기 때문이다. 많은 경우 조언이 필요한데 누구로부터 어떤 조언을 들을 것인가가 중요하다.

기혼자라면 배우자와 상의하는 것이 가장 좋다. 나를 가장 잘 이해하고 성향을 가장 잘 알기 때문이다. 섬세한 기술적 조언을 할 수 없다고 하더라도 큰 틀에서 방향을 설정하는 데는 배우자의 조언만큼 정확한 게 없다. 결국 재정 문제 해결을 통해 얻고자 하는 것은 가족의 행복이다. 배우자나 가족과 공유되지 않고 한 사람만의 생각이라면 나머지는 수동적일 수 밖에 없다. 또 생각이 다를 수도 있다. 일방적으로 결정하게 되면 원치 않은 결과가 나왔을 때 가족간의 관계에 손상이 올 수도 있다. 가족과 함께 상의해서 내린 결정으로 잘못된 결과를 낳게 되더라도 관계에는 영향이 없을 것이므로 서로 협력하여 다시 좋은 상황을 만들어 갈 수 있을 것이다.

부모님으로부터의 조언도 중요하다. 그분들에게는 많은 경험을 통한 지혜가 있다. 또 우리가 진정으로 잘 되기를 간절히 원하므로 매우 유익한 도움을 줄 것이다.

재정문제 상담전문가들로부터의 조언도 필요하다. 다만 당신에게 도움이 될 만한 재정전문가인지 몇 가지를 고려해야 할 것이다.

첫째, 훌륭한 지식이나 기술을 소유한 자 보다는 좋은 성품을 지닌 사람이어야 한다. 지나치게 지식이나 정보, 기교를 앞세우는 경우에는 주의하라. 그것은 언제든지 바뀔 수 있기 때문이다. 예를 들면 당신의 문제를 10분만에 해결해줄 수 있다는 사람에게는 당신의 문제를 털어놓아서는 안 된다. 그는 당신의 문제를 해결해 줄 수 없을 뿐만 아니라 당신에게 관심도 없다. 정직하고 성실한 재정전문가라야 오랫동안 당신 곁에서 도움을 줄 수 있을 것이다.

둘째, 재정문제에 대한 조언을 할 수 있는 사람은 스스로의 삶에 적용하여 먼저 혜택을 누리는 사람이면 좋겠다. 남들에게 권할 만큼 좋은 것들을 자신의 삶에 적용하지 않는다면 이해할 수 없는 일이다.

셋째, 상대방의 이익을 먼저 생각하는 사람이어야 한다. 자신의 이익을 앞세우는 사람과의 관계는 오래가지 못한다. 만일 당신의 이익과 그들의 이익이 서로 상충된다면 균형 있는 조언을 해 줄 다른 사람의 말을 꼭 들어보기 바란다.

넷째, 당신의 이야기를 귀담아 듣고 조언해주는 사람이어야 한다. 일방적으로 자신의 의견만 말하는 것은 당신뿐만 아니라 누구에게나 동일한 방법과 내용을 적용해도 무방하다고 생각하는 것인데 그 조언이 당신에게 잘 맞을 때도 있지만 맞지 않을 때도 있을 것이다.

다섯째, 원칙중심의 가치관을 가진 조언이었을 때 결과를 기대에 근접시킬 수 있다. 그 때 그 때 상황에 따른 판단은 결코 쉽지 않다. 과정은 가치관에 의해 결정되지만 결과는 원칙이 지배한다는 것을 기억하라.

여섯째, 명료한 지침이 있어야 한다. 재정문제는 1회적 진단과 처방으로 갑자기 좋은 상황으로 바꿀 수는 없다. 지속적인 모니터링을 통해 점진적으로 변화시켜가야 한다. 그러기 위해서는 진행단계와 명료한 지침이 있어야만 한다.

의약업계는 의약분업으로 의사는 진단과 처방을 하고, 약사는 조제와 판매를 하도록 되어 있다. 그런데 금융업계에는 아직 그런 식의 분업이 되어 있지 않다. 그래서 진단과 처방을 전문으로 하는 재무설계사도 조제와 판매를 할 수 있고, 조제 판매를 주로 하는 금융회사들도 진단과 처방을 할 수 있다. 금융소비자의 입장에서 보면 구분하기 쉽지 않다. 수입원이 무엇인지를 살펴보면 어느 정도 구분할 수 있을 것이다. 진단과 처방, 지속적으로 재정건강을 관리하는데 초점이 맞추어져 있는지 상품 판매에 맞추어져 있는지를 살펴보면 될 것이다.

진정한 재정전문가라면 먼저 당신의 삶에 관심을 둘 것이다. 돈 문제를 다루기 전에 반드시 당신의 삶을 알아야 하기 때문이다. 그들의 고객은 당신이지 당신의 돈이 아니다. 그렇지 않고 자신의 성과에 관심이 있는 사람은 당신의 돈과 구매력에 관심을 보일 것이다. 그들의 목적은 당신으로 하여금 그들이 취급하는 뭔가를 사도록 해야 하기 때문이다.

영국은 2012년부터 컨설팅수수료와 판매수수료를 동시에 취할 수 없도록 법적, 제도적 장치가 마련되었다고 하니 이런 혼란은 없겠지만 우리나라의 경우에는 소비자가 현명하게 판단해야 할 부분이다.

계획성

주도적인 사람은 자신의 삶에 기반한 계획을 세울 수 있다. 주도적이지 않은 사람도 계획을 세울 수는 있다. 그러나 외부의 영향으로 쉽게 포기하거나 바꾸어버리므로 별 의미가 없다.

주도적인 사람은 자신의 삶을 계획 할 수 있다. 스스로 선택하고 책임지는 주도성의 근육이 튼튼해지면 과거나 환경에 얽매이지 않고 자기 삶의 주인이 되어 자기가 꿈꾸는 삶을 찾을 수 있다. 다른 사람이나 세상의 기준에 맞추지 않고 자신의 꿈과 비전을 설계할 수 있다.

먼저, 행복한 미래를 그려라

보기에도 맛 좋은 음식이 있다. 이 음식을 만든 요리사는 음식 재료를 준비하기도 전에 상상 속에서 각종 재료와 조미료를 어떻게 사용하고 어떤 순서로 요리를 해서 어떤 맛을 낼 것인지 먼저 상상한다. 그리고 필요한 만큼의 재료를 준비해서 생각했던 순서대로 조리를 한다. 간간히 맛을 확인하면서 자신의 생각과 실제의 차이를 줄이려 노력한다. 그리고 자신이 상상했던 그 음식을 만들어 냈을 때 만족해 한다.

이와 같이 우리 일상에서 일어나는 모든 것은 두 번 창조된다. 첫 번째 창조는 마음속에서 이루어지며 두 번째는 실제로 이루어진다.

정원을 만들 때도 나무를 심기 전에 먼저 완성된 아름다운 정원을 생각한다. 큰 빌딩을 지을 때도 터를 파기도 전에 완성된 빌딩의 모습을 생각한다. 이처럼 우리는 먼저 여러 가지 아이디어를 가지고 완성하고자 하는 것들을 상상하고 정하는 과정을 거친다.

그 다음 조감도와 같은 완성된 모습의 그림을 그리고 사용할 재료나 공정을 매우 세밀하게 설계한다. 이러한 모든 과정은 공사가 시작되기 전에 이루어지며 이것이 첫 번째 창조이다.

만일 이런 과정을 생략한다면 어떻게 될까? 그때 그 때 임기응변 식으로 대처한다면 실제 공사과정에서는 시행착오로 인한 많은 비용과 시간을 써야 할 것이다. 또 규모가 작은 건물이야 어떻게든 지을 수 있을지 모르겠지만 거대한 건물을 짓는 것은 불가능하지 않을까?

첫 번째 창조의 과정에서는 우리가 원하는 최종 목표를 모두 고려하고 있는지 철저하게 확인하여야 한다. 상상했던 대로 건물을 짓고자 한다면 실제 공사과정에서 필요한 모든 것들을 빠짐없이 검토하여야 한다. 이 과정에서 얼마나 신중 하느냐에 따라 당신이 얻는 결과는 달라질 것이다.

인생도 마찬가지다. 당신의 삶이 완성되었을 때 어떤 모습일지 생각해보아야 한다. 그러기 위해서 당신의 삶의 목적부터 분명히 해야 한다.

다음 질문에 답해보자. 이 질문은 당신이 어떻게 살고 싶은가에 대한 질문이기도 하다.

'당신이 생을 마쳤을 때 당신 무덤의 묘비에 어떤 말들이 새겨지기를 바라는가?'

그 비문을 배우자가 쓴다면 당신의 배우자는 뭐라고 쓸까? 당신의 자녀들이라면 뭐라고 쓸까? 당신의 부모님이나 형제 자매는 뭐라고 쓸까? 당신의 친구들, 동료들, 그리고 당신의 고객들은 뭐라고 쓸까? 당신 스스로는 뭐라고 쓰고 싶은가? 당신은 어떤 사람으로 기억되고 싶은가? 듣고 싶은 찬사는 무엇인가? 이에 대한 대답이 곧 당신이 살고 싶은 삶이다.

당신이 살고 싶은 삶은 당신에게 소중한 사람들과의 관계에서 찾을 수 있다. 관계는 역할로 표현된다. 그러므로 소중한 사람과의 관계에서 당신이 어떤 역할을 어떻게 하느냐가 당신이 이 세상을 살아가는 목적이 되는 것이다.

무슨 일이든 분명한 목적을 가지고 시작했을 때 당신의 기대를 충족시켜줄 수 있다. 뚜렷한 목적의식은 단순히 개선된 결정이나 결과를 낳는 것이 아니라 목적에 헌신하게 하기 때문이다.

무엇보다 소중한 삶을 별 계획 없이 살거나 막연한 계획만 가지고 산다면 당신이 이루고자 하는 삶을 살 수 없다. 당신의 내면으로부터 나오는 열정의 열렬한 지원을 받을 수 없기 때문이다. 아름답고 행복한 삶을 살고 싶다면 당신이 살고 싶은 삶을 마음속으로 그려보고 구체적으로 계획 하는 것부터 시작하여야 한다. 당신의 의미 있는 삶의 목적은 당신의 의식, 무의식 그리고 우연의 힘까지 작용하여 꿈을 현실로 실현시킬 것이기 때문이다.

이 단계에서 당신에게 필요한 것은 무한한 상상력이다. 스스로를 현실적 한계로부터 해방시켜라. 재정문제에 국한시켜서도 안 된다. 아무런 구속도 없는 상태에서 당신이 바라는 미래를 생각해보라.

▪▪ 사명서(Mission Statement)

1. 핵심가치 발견

우리는 몇 일간의 짧은 여행을 떠날 때도 많은 준비를 한다. 어디로 가서 무엇을 경험할 것인지, 어떻게 시간 배분을 할 것인지, 비용을 얼마나 쓸 것인지 등 꼼꼼하게 준비한다.

하지만 소중한 삶에 대한 계획은 소홀하기 쉽다. 하루를 시작하며 오늘 하루를 어떻게 살아야 할 것인지 계획하는데 단 몇 분도 할애하지 않는다. 한 주, 한 달을 시작하면서도 마찬가지다.

내 삶을 가장 풍성하게 하기 위한 지침을 마련하는 것은 매우 중요하다. 매일 직면하는 일에 쫓겨 살다 보면 표류하는 배처럼 의미를 상실하고 방황하게 된다. 이때 정확한 방향과 위치를 알려 줄 수 있는 나침반과 지도가 필요하다. 그것이 사명서이다.

사명서를 쓰기 위해서는 내 사명의 바탕이 되는 가치를 찾아야 한다. '인생에서 가장 소중한 것', '열 가지 자연법칙'등을 쓴 권위 있는 시간관리 전문가 하이럼 스미스는 '핵심가치야말로 자아실현의 기반이다'라고 말했다.

당신이 소중하게 생각하는 가치가 무엇인지 생각해보라. 그리고 그 이유를 명확하게 설명해보라. 그 설명은 다른 사람의 견해와 달라도 상관없다.

예를 들면, 나의 핵심가치 중 '균형'이라는 것이 있는데 그 의미는 신체적, 재정적, 대인관계, 자기계발, 사회에 공헌 등의 균형을 말한다.

떠 오르는 대로 써보라. 그리고 당신의 사명과 비전의 바탕이 되는 핵심가치가 무엇인지 정리해보라.

핵심가치	이 유

2. 어떤 사람으로 기억될 것인가?

이재규교수가 편저한 〈무엇이 당신을 만드는가〉라는 책에서 피터 드러커를 있게 한 필리글러 신부의 질문이 소개되어 있다. 책을 인용해보자.

드러커가 13세 되던 해, 그가 다니는 학교에서는 필리글러라는 신부가 종교수업을 맡고 있었다. 그 신부는 사람을 감동시키는 특별한 힘을 갖고 있었다. 어느 날 필리글러 신부는 교실에 들어서자마자 학생들 하나하나에게 다음과 같이 질문했다.

"너는 죽은 후에 어떤 사람으로 기억되고 싶으냐?"

자신이 죽는다는 사실을 꿈에도 생각해보지 않은 소년들은 아무도 그 질문에 대답하지 못했다. 잠시 후 신부는 껄껄 웃으며 말했다.

"나는 너희들이 내 질문에 대답할 수 있을 것이라고 생각하지 않았다. 그러나 너희들이 50세가 되었을 때도 내 질문에 대답할 수 없다면, 너희들은 인생을 헛 살았다고 할 수 있을 것이다."

많은 세월이 흘러 드러커와 친구들은 김나지움 졸업 60주년 동창회를 가졌다. 그 날 모인 모든 친구들은 한결같이 그 질문이 자신들을 바꿔놓았다고 말했다.

피터 드러커는 '사람들이 목표를 달성하도록 도와준 사람으로 기억되기를 바란다'고 했다고 하며 96세에 사망할 때까지 그러한 삶을 살았다고 한다.

당신은 죽은 후에 어떤 사람으로 기억되고 싶은가?

∷ 관계와 역할

대답하기 어렵다면 좀 더 쉬운 방법을 알려 줄 수 있다. 그것은 관계와 역할을 통해 생각해 보는 것이다. 우리의 삶이 관계와 역할로 채워져 있기 때문이다. 당신은 어떤 역할을 맡고 있는가? 처한 상황에 따라 다양한 역할을 맡고 있을 것이다. 가정에서는 어머니, 아버지, 아들, 딸, 형제, 자매, 가장 등 역할이 있을 것이고 직장에서는 이사, 팀장, 매니저, 인사담당 등 역할이 있을 것이다. 친구, 선후배, 동료, 배우는 사람, 가르치는 사람, 봉사하는 사람 등 여러 가지 역할이 있을 것이다. 그리고 그 역할의 상대가 있을 것이다. 가족에서부터 고객(시장), 지역사회, 국가, 인류사회에 이르기까지 많은 상대가 있을 것이다. 당신 역할의 상대와의 관계에서 그들에게 어떤 사람으로 기억되고 싶은가? 그들로부터 듣고 싶은 찬사는 무엇인가?

먼저 당신의 삶 속에서 가장 소중한 사람들부터 생각해보라. 그리고 어떤 사람으로 기억되고 싶은지 적어보라. 이 때 가장 소중한 자신으로부터 듣고 싶은 말부터 적어보라. 아래 예를 참고하여 작성해보라.

이름	관계	어떤 사람으로 기억되고 싶은가?
정동훈	나	– 많은 이들이 행복한 삶을 살도록 도운 사람 – 용기와 배려를 실천한 사람 – 네 가지 삶의 균형을 유지한 사람 – 절대자에게 복종한 청지기
박○○	아내	– 믿을 수 있는 동반자 – 잠재력을 발휘하도록 도와준 동기부여자 – 편하게 기대어 쉴 수 있는 휴식처 – 다시 태어나도 함께 하고픈 사람

이
상
한
가
계
부

이름	관계	어떤 사람으로 기억되고 싶은가?

가장 소중한 사람들로부터 기억되고 싶은 모습이 결국 내가 살고 싶은 삶의 모습일 것이다.

이번에는 가장 소중한 사람들로부터 기억되고 싶은 모습이 되기 위해 당신이 실천해야 할 사항을 적어보라. 위에 적은 찬사를 듣기 위해 실천해야 할 것들이 있을 것이고 해서는 안 되는 것들이 있을 것이다.

이름 관계	꼭 해야 할 것	하지 말아야 할 것
정동훈 나	−주간/일간 계획 성실히 실천 −가치관에 따라 행동하기 −주도적인 언어 사용하기 −용기와 배려의 실천 −쇄신의 시간 충분히 갖기	−말이 앞서고 실천하지 않기 −남을 험담하기 −감정적인 반응 보이기 −절제하지 못함 −게으름
박○○ 배우자	− 아침, 저녁 인사하기 − 칭찬하기 − 피드백 해주기 − 마음 헤아려 주기 − 공감하며 들어주기	− 책임 떠 넘기기 − 무관심하기 − 말 다툼하기 − 무시하기 − 흐트러진 모습 방치하기 　(학습, 태도 등)

당신의 삶은 위의 적은 해야 할 일과 하지 말아야 할 일들로 채워질 것이다. 가치 있는 삶을 위해 당신이 할 수 있는 일들을 최대한 찾아보라. 뭐든지 좋다. 해야 할 것들과 하지 말아야 할 것들을 마음껏 적어보라. 아무런 제약도 두지 말고 여한 없이 적어보라.

그런 다음 정리해보자. 묶을 수 있는 것은 묶어서, 핵심적인 것들로 네 개 내지 다섯 개 정도만 남겨라. 그리고 그대로 실천해라. 진정 당신이 살고 싶은

계획성

삶이니 어렵지 않을 것이며 하루 하루 행복한 일상을 만나게 될 것이다.

이름 관계	꼭 해야 할 것	하지 말아야 할 것

당신의 소중한 관계를 통해 어떻게 사는 것이 의미 있고 가치 있는 삶인지 생각해보았는가? 그렇다면 이제 그것을 문서화 해 보기로 하자. 사명서는 관계와 역할을 통해 어떤 사람이 되길 원하는지, 무엇을 하기를 원하는 지를 기록한 당신 삶의 지침서라고 할 수 있다. 원칙중심의 사명서는 매일매일 직면

하는 복잡하고 어려운 현실 속에서 당신의 가치관과 목표에 따라 행동할 수 있도록 올바른 방향을 제시해줄 것이다.

사명서를 작성하는데 형식에 구애 받지 않아도 된다. 길든 짧든, 시의 형태로 되어 있든지 심지어 그림으로 표현할 수도 있다.

사명서는 미래를 향하고 있지만 현실에 발을 딛고 있다. 그러므로 한 번 작성된 사명서가 당신이 인생을 마치는 그 순간까지 똑 같을 필요는 없다. 오히려 정기적으로, 당신이 원하는 삶과 사명서의 지침이 같은 방향을 향하는지 점검해야 한다.

재정문제를 다루면서 왠 사명서냐고 묻고 싶을 것이다. 그에 대한 대답은 매우 간단하지만 당연한 것이다. 당신이 살고 싶은 삶을 그리지 않고서 돈 문제를 다루는 것은 별 의미가 없기 때문이다. 시간이든 돈이든 열정이든 당신이 가지고 있는 자원은 당신이 원하는 삶을 이루는데 투입되어야 할 재료다. 무엇을, 어떻게 만들고 싶은지 정해져야 자원을 활용할 계획을 세울 수 있다.

나의 사명서를 소개하면 참조가 될 것 같다.

정동훈의 사명서

나의 자원을 최대한 개발하고 활용하여 사람들이 행복한 삶을 살도록 돕는다.

이를 위해 끊임없는 성장과 노력으로 전통적 방식의 의, 식, 주에 대한 전문가적 소양을 갖추고 체험을 통한 공유와 나눔을 실천하여 행복하고 생산적인 참 휴식을 제공한다. 또한, 재무적 문제 해결의 합리적, 과학적, 체계적 대안을 제시함으로써 삶의 균형을 잃지 않도록 돕는다.

물질적 사회 가치관으로 고단한 삶을 사는 이들에게 참 진리와 자유를 전하고 마음의 여유와 풍요를 갖도록 돕는다.

45세부터 Human Project를 진행하여 50세에는 누구든지 대신할 수 있도록 체계를 갖추고, 나의 경험이 다른 이들의 삶에 도움이 되도록 한 권의 책으로 정리한다.

나는 사랑하는 아내와 딸 00, 아들 00에게 창조주가 주신 기쁨과 감사와 사랑으로 충만하게 한 것이며 그것을 나눌 수 있도록 지원한다.

이런 목표 달성을 위해 나는 지속적인 독서와 교재로 사고의 틀을 확대하고 깊이를 더하며, 배려하여 인화하며, 용서하여 사랑하며, 겸손하여 감사하며, 지혜와 용기로 담대하기를 항상 구하고 노력할 것이다.

더불어 행복한 세상을 위하여 쉼 없이 정진해 나갈 것이다.

2007년 12월

나의 사명서는 간단해 보여도 '꿈', '핵심가치', '공헌 내용', '공헌 대상', '성과', '삶의 태도' 등이 종합적으로 정리되어 있다.

나는 내가 기록한 사명서 대로 살기를 바란다. 그리고 하나 하나 실현시켜 가고 있다. 내 내면이 이끄는 삶의 목적을 찾았는데 그대로 못살 이유가 없다. 그대로 살아가는 것이 제일 행복하기 때문이다.

⠿ 세가지 질문

나는 재무상담과정에서 '라이프플래닝'의 아버지라 불리는 조지 킨더의 〈세가지 질문〉이나 빌 바크락의 〈가치대화법〉을 활용하여 고객들로 하여금 삶을 목적을 발견하도록 돕는다. FLP연구소의 최문희 대표와 최승표 수석연구원이 〈조지 킨더의 라이프 플래닝〉이라는 책에 번역 소개한 세가지 질문이 그 중 하나다.

당신도 지금부터 이 질문에 진지하게 대답함으로써 삶의 목적을 찾아 함께 여행을 떠나보자. 질문에 대한 답은 개개인에 관한 것이다. 그러므로 누구와 상의할 성질의 것이 아니다. 당신 배우자와도 마찬가지다. 방해 받지 않고 깊이 생각할 시간과 장소가 필요하다. 시간적 여유를 가지고 또 가능하다면 조용한 장소를 찾아라.

주의할 점이 한 가지 있다. 질문의 순서대로 충분히 답을 한 후에 다음 질문으로 넘어가야 한다.

첫 번째 질문

상상해 봅시다. 당신은 재무적으로 완전히 안정되어 있습니다. 지금과 앞으로의 모든 니즈를 해결할 수 있는 충분한 돈을 가지고 있다고 해볼까요? 그렇다면 당신은 어떤 삶을 사시겠습니까? 그 돈을 가지고 무엇을 하시겠습니까? 삶에서 어떤 것을 바꾸시겠습니까? 마음껏 표현해 보세요. 당신의 꿈을 가로 막지 말고, 당신이 생각하는 완전하고 풍요로운 삶을 한 번 자세히 표현해 보세요.

두 번째 질문

이번에는 건강진단을 위해 의사를 찾아갔습니다. 그런데 의사가 당신에게 남은 삶이 이제 5년 내지 10년 밖에는 남지 않았다고 하는군요. 좋은 점은 그 순간이 올 때까지 굉장히 건강할 것이라는 사실이고, 나쁜 소식은 그때가 언제인지 사전에 알 수 없다는 것입니다. 남은 기간 동안 당신은 무엇을 하겠습니까? 현재의 삶을 바꾸시겠습니까? 그렇다면 어떻게 바꾸시겠습니까?

세 번째 질문

이번에는 의사가 충격적인 소식을 들려줍니다. 당신에게 남은 시간은 이제 하루밖에는 없습니다. 이런 사실에 직면할 때 어떤 느낌이 생기는지 관찰해 보세요. 그리고 자신에게 물어보세요. 이루지 못한 당신의 꿈은 무엇입니까? 하지 못해 후회스러운 것은 무엇입니까? 내가 챙겨주어야 했는데 그렇게 하지 못한 사람은 누구인가요?

당신은 이 과정을 통해 당신이 가장 하고 싶은 일, 갖고 싶은 것, 가고 싶은 곳 등 살고 싶은 모습을 생각해 볼 수 있다. 가장 소중하게 생각하는 가치가 무엇인지 발견할 수 있다. 단지 누구나 원하는 것이 아닌 당신이 원하는 그 무엇을 찾을 수 있다. 이 때 현실적인 문제들로 인해 방해를 받지 않도록 주의해야 한다. 어떤 것으로도 자신을 구속하지 말아라. 당신 삶의 주인공은 바로 당신이므로 당신의 삶에 대한 각본은 당연히 당신이 써야 한다. 당신에게 가장 행복한 상황을 생각하라. 가슴 설레는 꿈을 찾도록 최선을 다해보라.

 잭 니콜슨과 모건 프리먼이 주연한 영화 '버킷 리스트 (죽기 전에 꼭 하고 싶은 것들)'에서 주인공들은 시한부 판정을 받고 생을 얼마 남겨 놓지 않은 공통점을 가지고 있다. 콜(잭 니콜슨 분)은 카터(모건 프리먼 분)가 쓰다가 구겨서 버린 버킷 리스트를 보고 흥미를 느낀다. 그래서 두 사람은 함께 버킷 리스트를 만들기로 한다. 카터의 리스트는 '낯선 사람 도와주기', '눈물 날 때까지 웃어보기', '장엄한 광경 보기'처럼 추상적이고 막연한 것들이었으나 콜은 현실적이고 구체적인 것들을 추가해 넣고 실행하기로 한다. 콜은 재벌이기 때문에 금전적인 것은 걱정할 필요가 없었다.
 스카이 다이빙, 구형 무스탕 자동차로 경주하기, 문신하기, 아프리카 세렝게티 초원의 사파리, 지중해 연안에서의 호화로운 식사 등. 이러한 일들을 하면서 둘은 점점 더 깊이 이해하게 되고 좋은 친구가 된다.
 그들은 또 석양의 피라미드에서 이집트 인들이 믿었던 사후의 세계에 대해 토론하고 각자의 종교관에 대해 이야기한다. 사후에 대한 이야기도 하며 자연스럽게 죽음에 대해서도 받아들이게 된다. 심한 폭풍우로 히말라야의 장엄한

계획성

풍경을 보지 못하고 돌아온 몇 일 후 카터는 평온한 죽음을 맞이한다. 콜도 오랫동안 연락을 끊고 살았던 손녀와 포옹하며 '이 세상에서 가장 아름다운 미녀와 키스하기'라는 나머지 버킷 리스트를 실행한다. 죽음을 앞둔 이들에게 돈이나 명예는 그다지 중요하지 않다.

영화는 우리에게 '더 많이, 더 빨리'를 외치며 너무 치열하게 살고 있지는 않는지, 소중한 것들을 놓치고 있지는 않는지 생각해보게 한다. 죽음에 직면하여 발견하게 될 소중한 삶의 가치들을 지금부터 생각하며 살 수 있다면 덜 아쉬운 삶을 살 수 있지 않을까?

당신도 버킷 리스트를 작성해보기 바란다. 되고 싶은 것, 하고 싶은 것, 갖고 싶은 것들을 생각해보라.

나의 버킷 리스트 중 일부를 소개해볼까 한다.

리스트	이 유	실행계획 및 진행상황	
인생중심 재무설계사	맹목적인 물질관에서 벗어나 삶이 중심이 되는 재정관리를 돕고 싶다	프로세스 정립 도구(교재) 준비 독립 Firm 설립	준비완료 준비완료 2012년
흙집 짓기	전통적 방식의 의식주의 체험, 공유, 나눔을 통한 참 휴식 제공	흙집학교, 구들학교 다양한 흙집 연구 첫 작업	졸업 상당한 수준 2012년 3월
책 저술	누구든지 대신할 수 있는 체계를 갖추는 것	재정관리 전통적 방식	2012년 2012년 첫 책
한자 선생님	후대에 정신적 유산을 확대하고자 함	한자 준1급 합격 사범 자격	2009년 준비 중
가족 밴드	가족과 유대 강화	각자 역할 배분 및 준비	진행 중

당신의 버킷 리스트를 작성해보라.

리스트		이　유	실행계획 및 진행상황	
하고 싶은 것	1.			
	2.			
	3.			
	4.			
	5.			
되고 싶은 것	1.			
	2.			
	3.			
	4.			
	5.			
갖고 싶은 것	1.			
	2.			
	3.			
	4.			
	5.			

　지금까지 당신의 삶에 대해 많은 것을 생각해 보았을 것이다. 이제 재정적인 부분과 연결시켜보자. 당신이 평생 하고 싶은 일이나 되고 싶은 것, 갖고 싶은 것 등을 다시 떠올려보라. 현실적인 책임도 무시해서는 안 된다.

　어떤 힘들고 어려운 상황에서도 당신 내면으로부터의 숭고한 자극이 있다면 얼마든지 극복할 수 있다는 것을 잊지 말라. 진정 당신이 살고 싶은 가장 행복한 삶을 계획해 보라.

　먼저 주기적으로 할 것들을 적어보자. 없는 곳은 그냥 넘어가라.

주기	할 일	우선순위
매일		
매주		
매월		
매년		
기타 주기		

이번에는 남은 기간별로 생각해보자. 앞으로 할 일들에 대해 생각해보자.

자녀 대학진학이나 주택구입 등 모든 재정적으로 필요한 상황을 떠 올려보라.

기간	할 일	우선순위	필요금액	준비정도
1년 이내				
1~3년				

3~7년				
7년 이후				

당신이 적은 모든 것이 이루어지면 물론 좋겠다. 그렇지만 재정적인 상황이 허락하지 않는다면 덜 중요한 것을 포기할 수도 있다. 무엇보다 먼저 고려할 것은 당신이 행복하게 살기 위해 가장 좋은 방법을 찾는 것이다. 뒤에 나오는 '재무목표와 실행계획'에서는 예상필요금액과 구체적인 준비방법을 검토해 보자.

:: 직업

가끔 직업 또는 직장에 대한 질문을 받는다. 당신도 그럴 것이다. 그 때 당신은 무슨 생각을 하는가? 상대방은 어떤 의도를 가지고 질문을 할까?

미국인들에게 직업에 대한 질문은 정체성에 대해 묻는 것이라고 한다. 즉

'당신은 어떤 사람입니까?'라는 물음인 것이다. 우리 문화에서는 대체로 '당신은 무엇을 해서 먹고 삽니까?'라는 질문으로 이해 하는 경향이 있다. 직업을 자신의 삶 자체로 받아 들이는 서구적 문화와 먹고 사는 수단쯤으로 인식하는 우리의 차이 일 것이다.

직업은 내가 세상과 만나는 접점이고 나를 표현하는 방식이라고 할 수 있다. 점차 자신을 훈련하여 성숙시켜 가는 것이다. 나의 성품이나 역량을 드러내는 것이고 인정 받는 것이다. 그러니 직업은 기본적으로 남을 이롭게 하는 것이다. 그리고 거기에 대한 정당한 대가가 소득이다. 먹고 사는 문제로 접근하는 위험은 어떻게 해서든지 자신의 호주머니를 채우는데 있다.

쉽게, 빨리 상대방을 설득하는 기술은 당장은 좋아 보이지만 장기적으로는 상대방과의 관계에서 신뢰를 유지하기 어렵고 오히려 더 큰 불신을 낳게 된다.

사람들이 생각하는 직업의 목적은 대개 세가지로 나눌 수 있다.

첫째, 직업은 생계를 위한 수단이다. 현실적인 삶을 위해 일해야 하니 고단하다. 기회만 되면 벗어나 더 좋은 일을 하기를 바란다. 직업은 진정 자신이 하고 싶은 일이 아닌 경우가 많다. 발전이 없다. 헌신할 수 없기 때문이다. 일과 삶은 별개의 것이므로 인생의 많은 시간을 자신이 원하지 않는 삶을 사는 것이다. 그러므로 행복하기 어렵다.

둘째, 자신을 드러내기 위한 수단이다. 소위 말하는 출세, 성공, 명예를 위해 노력한다. 자신의 성공을 위해 많은 것을 희생시킨다. 심지어는 배우자나 자녀들까지도 보살피지 않는다. 돈이나 선심성 행사로 애정을 과시하기도 하고 자신의 성취를 가족을 위해 하는 것처럼 둘러대기도 한다. 그러나 그런 것은 본인 외에 아무런 의미가 없다. 이들에게는 동료나 거래관계에 있는 사람들도 자신의 목적을 위해 존재한다. 이용하기도 하고 짓밟기도 한다. 순간 순간 명분과 실리를 따지며 기교를 부리는 삶으로 일관한다. 이들은 쳇바퀴에서 벗어나지 않는 한 참 행복을 찾을 수 없다.

셋째, 세상을 유익하게 하기 위해 일하는 사람들이다. 이들은 자신의 봉사와 헌신이 미력하나마 이웃과 세상을 위해 쓰였을 때 삶의 보람과 의미를 찾는다.

세 부류 중에서 누가 가장 효율성이 높겠는가? 어떤 목적을 가지고 장기적이고 지속적으로 원하는 좋은 결과를 얻는 효과성은 누가 높겠는가?

피터 드러커는 은행원으로서 남들의 재산관리자로 사는 것을 사회에 공헌하는 것으로 보지 않았다. 그에게 가치 있는 것은 돈이 아니라 사람이었다. 그래서 그는 평생 사람들이 목표를 달성하도록 돕기 위해 살았다. 그에게 물었다.

'당신의 전성기는 언제였습니까?'

'나의 전성기는 65세부터 20년 간 이었소'

우리는 60세나 65세가 되면 은퇴하여 여행을 다니거나, 전원생활을 꿈꾸는 나이에 그 때가 전성기였다니 이게 어찌 된 일인가? 세상을 조금이라도 유익하게 하려는 생각을 가지고 있는 사람에게는 당연한 일이다. 근육을 써야 하는 일이 아니라 지혜를 나누어 주는 일이라면 그 나이 때보다 언제 더 지혜로울 수 있겠는가?

직업은 곧 당신의 삶이고 당신이다. 당신은 직업을 통해 많은 사람들을 만난다. 그러므로 직업은 당신의 성품과 역량을 개발하는 과정이다.

벌이는 멈추더라도 일은 죽는 날까지 할 수 있어야 한다. 그것이 곧 삶이기 때문이다. 그러므로 당신의 직업은 당신이 좋아하고 잘 할 수 있는 일이었으면 좋겠고 당신에게는 사회에 공헌하고자 하는 직업적 가치관이 있어야만 할 것이다.

얼마 전 코칭센터의 코치 선생님이 어떤 유명한 사람은 한 번의 강연으로 몇 억 원을 벌었다며 부러워하길래 속으로 이렇게 말해주었다.

'그만큼 많은 사람들에게 좋은 영향을 미쳤으니 당연하지요.'

그렇다. 소득은 내가 먼저 남을 이롭게 했을 때 그 대가로 받는 것이다. 만일 이롭게 하지 않고 돈을 많이 벌 수 있는 일이 있다면 그것은 가치가 없으니 당신의 삶을 돈으로 바꾸는 것 밖에 안 되는 것이다.

인생계획에서 직업은 매우 중요하다. 지금의 직업이 자신이 추구하는 것이 아니라면 장기적인 계획을 세우고 변화를 모색해야 한다. 밥벌이의 굴레를 벗어나기 위해서는 먼저 현실에서 가고자 하는 미래로의 다리를 만드는 작업이 필요하다. 구체적인 계획을 세우고 준비하라. 간절히 원하는 일을 하기 때문에 당신의 기질과 강점의 응원을 받을 수 있을 것이고 당신의 바람은 반드시 현실로 다가 올 수 있을 것이다. 되는대로 살지 않겠다고 작정하고 나선 결연한 의지로 당신을 이끄는 내면의 북소리에 발 맞춰 한 걸음씩 나아가라. 당신의 삶을 만나는 순간 차고 넘치는 샘물이 되어 목마른 대지를 적셔 세상을 유익하게 할 것이다. 스스로 당신의 색으로 빛나게 되어 세상을 조화롭게 할 것이다.

⠿ 또, 욕구 이야기

이쯤 해서 욕구에 대해 한 번 더 언급하고 싶다.

우리에게 익숙한 욕구에 관한 이론은 매슬로우의 욕구 5단계 이론이다. 이 이론은 욕구의 단계를 나누고 하위욕구가 해결되면 상위욕구를 추구한다고 주장한다.

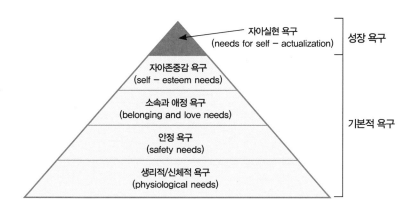

매슬로우의 이론과 코비박사의 주장과는 다소 차이가 있다. 코비박사는 인

간욕구를 네 가지로 나누고 각각을 대등하게 놓고 있으며 균형 있게 충족되었을 때 풍요로운 삶을 살 수 있다고 한다.

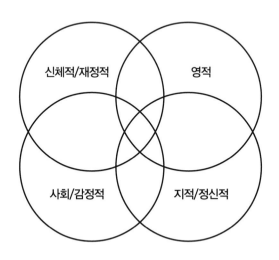

나는 개인적으로 사람들이 기본적인 욕구를 충족하기 위해 너무 많은 시간과 에너지를 소진하는 것이 안타깝다. 고귀한 성품과 무한한 잠재력은 보다 높은 수준의 욕구를 추구할 때 더 활성화되어 개발될 수 있다고 믿기 때문이다.

평생 기본적인 생계를 위해 사는 사람으로 기억되기보다는 가치 있는 일을 한 사람으로 기억되고 싶다면 균형된 삶을 사는 것이 더 옳은 방법이다. 우리에게 주어진 생은 언제까지라고 정해지지 않았기 때문이다. 보통은 평균수명을 기준으로 앞으로 살 인생을 생각하는 것 같은데 1년이나 한 달밖에 남지 않았다면 다른 방법으로 살려고 하지 않을까?

당신은 고귀한 존재이다. 당신의 소중한 꿈은 세상을 이롭게 할 것이고 당신은 훨씬 평화롭고 충만한 삶의 주인이 될 것이다. 세상을 바꾸고 싶다면 당신 스스로를 변화시켜라. 당신 내면의 문은 당신 말고는 열 수가 없다. 변화경영사상가 구본형은 '사람은 자신이 꿈꿔내지 못한 것을 이뤄 낼 수 없다.'고 말하고 있지 않은가?

:: 예산 세우기

재정관리 절차에 따라 재정상태를 파악하고 카드부채와 일반부채를 모두 청산한 다음 비상금으로 3개월 내지 6개월 분을 준비했다면 당신은 재정적 자유로움을 위해 어느 정도 준비가 된 것이니 자신감을 가져도 좋다. 3개월 동안 수입과 지출을 기록해 보았다면 어느 정도 당신 가정의 재정 규모를 파악했을 것이다. 이제 한 달 동안 생활할 예산을 수립할 단계이다. 매우 구체적으로 세분화된 수입과 지출 내역에 지레 겁을 먹을 수도 있다. 그러나 이는 당신이 좀 더 쉽고 편리하게 작성하도록 하기 위함이므로 부담을 느낄 필요가 전혀 없다. 더 좋은 방법이 있으면 그렇게 해도 좋다. 다만 당신의 방법으로도 정확한 수치를 산출해낼 수 있어야 한다.

앞에서 작성한 3개월간의 수입과 지출 현황을 근거로 매월 수입과 지출 예산을 수립해보자. 예산을 세우는 목적은 계획성 있게 생활하기 위해서이다.

무조건 아끼고 돈을 쓰지 말라는 것이 아니다. 예산 범위 내에서 사는 훈련을 통해 매월 일정한 금액으로 사는 습관을 들이는 것이다. 계획적으로 돈을 지출하는 것을 생활화 하는 것이다. 생활에 큰 불편을 느끼지 않고도 필요한 자금을 마련할 수 있도록 하기 위해서이다. 3개월 수입과 지출의 평균값을 근거로 예산을 세우기 바란다. 3개월간의 평균 지출보다 더 증액하거나 감액해야 하는 경우를 생각해보라. 지나치게 타이트하게 계획함으로써 생활에 지장을 초래하여 스트레스에 시달리지 않도록 하라. 파악하지 못하고 새는 돈을 막고 감당할 수 있는 범위에서 최대한 저축할 수 있도록 하는데 예산을 세우는 의미가 있다.

1. 수입 예산(세 후 수입기준)

(단위 : 만원)

구분	3개월 평균	예산안	증감
본인소득			
배우자소득			
임대소득			
이자, 배당소득			
연금, 기타소득			
총 수입			

2. 저축 및 투자 예산

(단위 : 만원)

구 분		3개월 평균	예산안	증감
정기적 투자	채권형			
	주식형			
	파생상품형			
	기타			
정기적 투자 소계				
비정기적 투자	채권형			
	주식형			
	파생상품형			
	기타			
비정기적 투자 소계				
투자 총합계				

3. 지출 예산안 작성

수입 예산안을 기준으로 지출에 대한 예산안을 작성하고, 이를 통하여 지출에 대한 통제와 조절을 할 수 있다.

가. 고장지출 예산안

(단위 : 천원)

구 분		3개월 평균	예산안	증감
부채 상환	단기부채상환			
	장기부채상환			
	기타 부채상환			
부채상환비용 소계				
주거 관련 지출	임차료(월세 등)			
	주택관리비			
	주거관련비용			
	통신비(TV,인터넷)			
주거관련지출 소계				
자녀 관련 지출	교육비			
	자녀양육비			
	기타			
자녀관련지출 소계				
보험료	보장성보험료			
	기타보험료			
보험료 소계				
기타 고정지출				
고정지출 계				

메모

나. 변동지출 예산안

(단위 : 천원)

구 분		3개월 평균	예산안	증감
가족 생활 지출	식품비			
	외식비			
	의복비			
	전화통신비			
	차량유지비			
	대중교통비			
	여가활동비			
	자녀양육비			
	부모님 용돈			
	부모님 용돈			
	기타			
가족생활지출 소계				
사회 생활 지출	식비			
	용돈			
	회식 기타 모임			
	경조사비			
	기타			
사회생활지출 소계				
기타변동지출				
변동지출 계				

고정 및 변동지출 합계	3개월 평균	예산안	증감

메모

다. 분기, 반기, 연단위 및 이벤트성 지출 예산

(단위 : 천원)

구 분	3년 평균	예산안	증감
재산세			
주민세			
자동차세			
자동차보험료			
설명절비용			
추석명절비용			
휴가비용			
기타 이벤트 비용			
합계			

메모

:: 재정목표와 실행계획

주택구입, 교육, 은퇴 등 누구나 비슷한 기본적인 재정 목표가 있고, 세계여행, 취미나 자기계발, 봉사, 기부 등 삶을 풍요롭게 하는 목표가 있다.

고객과의 상담과정에서 재정목표에 대한 대화를 나눌 때 많은 경우 누구나 비슷하게 해결해야 하는 목표들에 초점을 맞추는 경향을 발견하곤 한다. 물론 중요하다. 그러나 당신의 내면이 원하는 당신만의 목표를 찾도록 노력하라. 당신의 버킷 리스트는 무엇이었는가? 당신의 사명서대로 살기 위해 필요한 재정계획을 세워보라.

1. 교육목표

본인 및 자녀들의 교육자금 계획이다.

(단위 : 만원)

이름	학교	진학시기	총비용	월 준비금

2. 은퇴 목표

은퇴자금 준비 방법 별로 계획을 세워보자.

준비방법	필요시기	필요금액	월 준비금

3. 생활 목표

가구, 가전제품, 자동차 등 중요한 것을 구입하기 위한 것이나 주택 수리 등 일상 생활 속에서 필요한 재정 계획을 세워보자.

품목	구매예정 시기	총비용	월 준비금

4. 새로운 사업 목표

장차 새로운 사업에 대한 목표가 있으면 필요금액에 대한 계획을 세워보자.

(단위 : 만원)

새로운 사업	예정시기	필요금액	월 준비금

5. 기타 목표

여행 등 기타 계획을 세워보자. 당신만의 독특한 목표가 있으면 적어보라.

(단위 : 만원)

용도	예상 필요시기	필요금액	월 준비금

　평생 사는 동안 다양한 용도로 많은 돈이 필요하다. 집도 필요하고, 자녀들을 위한 교육, 결혼, 독립을 지원하는 자금도 필요하다. 은퇴 후 생활자금도 만만치 않게 필요하다.

　그런데 상담을 하면서 자주 접하는 경우가 아파트 중심의 재정 계획이다. 예를 들면 4인 가족 기준으로 35평 전후의 아파트면 사는데 별로 불편하지 않음에도 불구하고 어느 정도의 돈이 모이면 대출을 받아 더 큰 아파트를 구매하려고 한다. 45평, 50평. 또 살 집이 있는데 아파트를 사 놓은 경우도 많다. 과거에는 아파트의 가격이 지속적으로 상승하여 다른 재테크 방법보다 수익이 높았기 때문일 것이다. 필요할 때면 손해보지 않고 언제든지 처분할 수 있었으니 굳이 용도를 나누어 돈을 관리 할 이유가 없었다. 부동산은 진득하게 놔두고 버티기만 하면 돈이 되므로 이것 저것 신경 쓸 것 없이 가장 선호하는 방법이었다.

	2005	2006	2007	2008	2009	2010
전국	98.3	99.2	99.6	100.7	101.2	101.9
서울	93.7	94.1	93.2	93.6	93.1	97
부산	97.9	99.8	99.9	100	99.7	99.9
대구	95.7	97.1	99.2	103	104.4	102.1
인천	99.1	98.3	99.3	99.7	100.2	101.9
광주	95.2	97.7	99.2	101.5	103.7	102.4
대전	97	98.3	98.8	98.5	97.6	100.6

울산	99.5	100.9	102.9	104.9	104.7	103.6
경기	97.5	96.7	95.6	96	96.5	100.1
강원	104	107.3	108.9	110.5	111	107.4
충북	102.9	105.2	107.5	109.3	110.3	107.3
충남	103.8	107.1	108.7	110.5	113	107.8
전북	103	105.8	108	100.7	113.4	107.4
전남	103.9	106	107.8	109.9	111.1	106.7
경북	102.8	104.4	106.9	109.9	112	108.7
경남	100.6	101.5	102.5	104.4	105.6	104.3
제주	96	97.7	96.9	96.7	96	97.4

(자료 : 주택보급률 추이 - 국토해양부)

그러나 아파트 가격 상승이 예전 같지 않고, 처분할 때 제때 처분이 안되고 때로는 손해를 감수해야 하며, 보유하는데 비용이 많이 든다면 어떨까? 주거용으로 생활하는데 적당한 아파트를 소유하고 나머지 자금은 용도에 맞게 분산 해 두었다가 필요할 때 꺼내 쓰는 방법을 선택하지 않을까?

아파트 말고 다른 자산이 없다는 말을 자주 듣는다. 오히려 부채를 안고 구입하는 경우가 대부분이다. 아파트 대출금과 자녀 교육비 때문에 은퇴 준비는 엄두도 못 내는 것이 현실이다. 아파트를 처분하지 않고도 연금으로 받을 수 있는 주택연금제도가 있긴 하지만 재정적 압박까지 받아가면서 어렵게 장만한 아파트를 연금으로 활용하는 것이 과연 현명한 방법일까? 게다가 아파트 가격이 과거와 같이 지속적으로 상승하지 않는다면 불안한 노후를 맞이하지 않을까?

베이비부머 세대가 산업과 경제의 중심에서 활약하던 시기에는 모든 것이

계획성

순조로웠다. 꾸준한 경제 성장으로 인해 일자리는 계속 생기고, 인구가 도시로 몰리면서 부동산의 가격은 지속적으로 상승하고, 고금리로 인해 근면한 사람이면 돈을 모으고 불리기에 좋았다. 허리띠 졸라매고 집 사는데 총력을 다했다. 아파트는 사면 가격이 올랐다. 빚을 끌어다가 좀 더 큰 평수를 사려고 최선을 다했다. 치열하게 살았다.

그러나 지금은 상황이 사뭇 다르다. 치열하게 살아서 이룬 결과가 자녀 세대에게는 큰 부담으로 작용하고 있다. 대학을 졸업하고 어렵게 취직했는데도 살 집을 장만하려는 엄두도 못 낼 만큼 아파트가격이 올라버렸기 때문에 집에 대한 기대를 포기하고 사는 경우가 많다고 한다. 인구의 감소로 인한 수요의 감소와 주택에 대한 인식이 소유가 아닌 사용 개념으로 바뀌면서 주택가격은 장기적으로 하락할 것으로 전문가들은 예측하고 있다. 시세와 전세 가격의 차이가 줄어드는 것을 보아도 소유의 매력이 과거만 못하다는 것을 알 수 있다.

그런데도 과거와 같이 아파트에 목숨 거는 아파트 중심의 재정관리는 여전히 지속되고 있다. 이런 현상을 '폭탄 돌리기'로 표현하는 사람도 있다. 터질게 뻔한 폭탄을 서로 돌리며 나에게서는 터지지 않을 것이라는 잘못된 믿음을 가지고 있다.

이제는 현명해져야 한다. 부동산 불패의 신화가 사라지기 시작하는 지금부터는 주거, 생활, 교육, 은퇴 등 목적에 맞게 재정 계획을 세우고 관리해야 한다.

당신이 어떻게 살기를 바랄까?

당신이 가장 존경하는 사람을 떠올려 보라. 역사적으로 이름을 남긴 위대한 사람이든, 당신 주변에 머물다간 평범한 사람이든지 당신이 존경할만한 사람이면 괜찮다. 단, 이미 이 세상에 존재하지 않는 사람이어야 한다.

그들은 당신에게 어떻게 살기를 바랄까? 인생 선배로서 어떤 조언을 해줄까? 당신이 가치 있고 의미 있는 삶을 살기 위해 무엇을 어떻게 하길 바랄까?

계
획
성

성실성

자기 삶을 발견하고, 그에 맞는 비전과 계획을 세웠다면 그대로 실천하라. 소중한 것을 먼저 하는
성실한 실천이 당신의 삶을 가치 있게 할 것이다.

:: 이상한 재정관리

1. 머니 매트릭스 (Money Matrix)

재정관리는 대체로 효율성을 추구해 왔다. 어떻게 해서든 절약 하고 더 빨
리 더 많이 모으고 불리는데 초점이 맞추어져 있다. 목적이 없이 목표에만 맞
추어져 있어서 돈 자체가 목적이 되는 경우가 많다.

돈 관리를 잘 하는 사람은 어떤 사람일까? 자신의 인생에서 소중한 것이 무
엇인지를 알고 거기에 돈을 쓰는 사람이다. 앞장에서 내 인생에 소중한 것이
무엇일까 생각해 보았다. 내 삶을 발견하는 것이야 말로 내 삶의 주인이 되는
가장 옳고 현명한 방법이다. 그래야만 환경이나 다른 사람의 영향에 흔들리지

않고 자신의 삶을 계획할 수 있다. 다른 사람과 비교하는 것은 별로 의미가 없다. 가치 있게 생각하는 것이 다르기 때문이다. 당신에게 소중한 것이 무엇인지가 중요하다.

긴급성과 중요성을 기준으로 돈을 쓰는 경우를 네 상한으로 나누어 보았다. 이것을 머니 매트릭스라 하자. 대체로 우리가 돈을 쓰는 경우는 이 네 가지 상한 중 하나에 속한다.

우리는 긴급할 때 돈을 쓴다. 그리고 중요한 일에 돈을 쓴다.

긴급한 일은 지금 하지 않으면 안 되는 일들로 즉각적인 행동을 요구한다. 즉 지금 지출되어야 하는 일들이다. 지출하지 않거나 미룰 수 없는 일들이다. 급한 일은 외부에서 기인한 경우가 많다. 그래서 어느 정도 예측할 수 있는 것도 있지만 그렇지 못한 것도 많다. 예기치 못한 필수 지출이 증가하면 재정에 영향을 주게 된다. 이러한 지출이 지속되거나 계속 증가하면 재정적 압박으로 인한 심한 스트레스에 쌓이게 된다.

	긴급함	긴급하지 않음
중요함	〈1상한 : 필수 지출〉 병원비 경조사비 집/차량 수리비 과외비 전기요금 등 공공요금 부채 상환 카드대금 주택 임차료 통신비 차량유지비 부식비	〈2상한 : 계획, 예방, 준비의 지출〉 보험 비상금 준비 은퇴 준비 교육자금 준비 주택자금 준비 자기계발, 운동 등 건강검진 인간관계를 위한 지출 기부, 구제 등
중요하지 않음	〈3상한 : 속임수의 지출〉 갑작스런 방문 충동구매 부탁으로 인한 구매 기분에 따른 외식이나 회식 보증이나 금전 대여 선심성 기탁	〈4상한 : 낭비, 도피의 지출〉 오락이나 도박 지나친 음주 등 유흥 쇼핑중독 분수에 넘치는 사치 (차량, 의복, 주택 등)

반면 중요성은 가치관, 사명, 관계와 역할 등에서 찾을 수 있다. 중요한 일은 내부에서 기인하므로 대부분 급하지 않다. 그래서 더 주도적이고 자발적이어야 한다. 당장 압박하지 않기 때문에 미루기 쉽다. 그러므로 자신의 명확한 인생계획이 없다면 중요한 일을 위해 돈을 쓰지 않게 된다. 급하게 닥쳐오는 일에만 주로 돈을 쓰게 된다.

2. 이상한 재정관리

1상한에 속하는 지출은 모두 급하고 중요한 것들이다. 즉각적으로 처리하지 않으면 심각한 문제를 초래하는 일들이다. 1상한의 지출이 증가하게 되면 문제를 수습하기에 급급해지게 되고 심한 스트레스와 심신의 피로로 무기력해지며 삶의 의미를 찾지 못하게 된다.

1상한의 지출의 요인은 크게 두 가지로 나눌 수 있다. 자기요인과 환경요인이 그것이다. 자기가 미처 대비하지 못했거나 불가항력적으로 생기는 문제들이다. 그러므로 1상한의 지출을 피할 수는 없다. 다만 줄일 수 있도록 노력해야 할 것이다. 1상한의 지출을 줄이는 방법은 미리 대비하는 것이다. 금융위기와 같은 갑작스러운 상황에서도 미리 대비한 사람들에게는 오히려 기회였다고 하지 않던가?

1상한의 지출이 많으면 필연적으로 4상한의 소비를 통해 위로 받으려 한다. 그러나 또 다른 1상한의 문제만 낳을 뿐 근본적인 해결은 할 수 없고 반복해서 1상한과 4상한을 오가는 삶을 살게 된다. 그러므로 4상한의 지출을 줄이는 것은 1상한의 지출을 줄임으로써 가능하다.

급하지만 중요하지 않은 경우가 3상한의 일들이다. 다른 사람에게는 우선순위에 해당하는 일들이므로 눈 앞에서 행동을 요구한다. 그들에게는 중요한 일이지만 당신에게는 급한 일들이다. 대체로 급한 일들을 중요한 일이라고 생각하기 쉽다. 그래서 3상한을 속임수의 지출이라 한다.

3상한의 지출은 외래적 요인에 의한 경우가 많다. 당신이 스스로 선택한 것에 대해 온전히 책임을 질 수 있는 주도성 훈련이 되어 있지 않다면 3상한의 지출은 당신의 재정을 위태롭게 하는 주범이 될 것이라는 사실을 잊지 말아라.

효과적인 재정관리의 핵심은 먼저 3상한과 4상한의 지출을 줄이는 것이다. 여기에 속하는 일들은 중요하지 않기 때문이다. 그리고 급하지는 않지만 중요한 일들에 대해 미리 계획하고 준비하고 예방하는 2상한 재정관리를 하여야 한다.

2상한 재정관리는 미리 계획하고 준비하고 예방하기 때문에 1상한의 많은 문제를 해소하게 하므로 재정문제로 인한 스트레스를 줄일 수 있다. 당신의 인생 전반에 걸친 비전과 가치에 맞춰 장기적이고 균형 있는 재정계획을 수립하는 것이 중요하다. 당신에게 소중한 것에 초점을 맞춰라.

아래에 당신이 줄여야 할 3, 4상한 지출을 적어보라.

이
상
한
가
계
부

3상한 지출	4상한 지출

그 때가 언제이든지 중요한 일이 급하게 다가올 때 재정적으로 준비되어 있지 않다면 어려움에 처하게 된다. 중요한 일이 긴급하게 다가오기 전에 미리 계획, 예방, 준비하는 2상한 재정관리에 대해 스스로의 만족 정도를 체크해보자.

항목	만족도(10점)	향후 계획
비상금 마련		
보험		
가족유대 강화		
은퇴자금		
교육자금		
주택마련 자금		
자기계발		
건강관리		
대인관계 계발		
기부		

∷ 예산과 지출관리 그리고 결산

1. 기록과 유지

예산을 수립한 다음 실제 생활을 통해 격차를 발견하게 되면 예산 수정이 필요하다. 예산 범위 내에서 산다는 것은 가장 자연스러운 상태를 유지하되 지출을 통제함으로써 새는 돈을 막고 불필요한 지출을 억제하는데 의미가 있는 것이지 미래의 만족을 위해 지금 고통을 감수하라는 것은 아니다.

'측정할 수 있으면 관리할 수 있다.'는 피터 드러커의 말처럼 관리하려면 측정할 수 있어야 한다. 그리고 측정하려면 기록하여야 한다.

2. 예산과 결산

돈으로부터 자유로워지려면 매우 단순하지만 확실한 방법에서 출발하여야 한다. 그것은 소득보다 적게 쓰고 나머지를 미래의 쓰임에 대비해 저축하는 것이다. 총소득에서 얼마를 쓰고 얼마를 저축할지 계획해보고 성실하게 실천해야 한다. 당신의 머리 속에서 현재와 미래에 대한 첫 번째 창조를 해 본 다음 구체적으로 계획을 수립해보자. 각 지출항목 별로 예산을 세워보자. 생각과 현실의 격차를 줄이기 위해 3개월은 지금까지 살아온 대로 살면서 지출 내역을 꼼꼼하게 기록해 보라. 3개월간의 평균치를 근거로 미래 계획과 대비하여 조정할 수 있는 것은 조정해보자. 당신의 미래에 대한 희망의 힘이 이겨낼 수 없는 고통은 피하라. 그것은 오래가지 못하고 또 한 번의 별 수 없는 시도로 끝나버릴 것이기 때문이다. 미래뿐만 아니라 현재의 삶도 중요하므로 균형을 유지하는 것이 더 좋을 것 같다.

결산을 하지 않는다면 예산을 세우고 지출에 대한 기록을 하는 것이 무슨 의미가 있겠는가?

3. 현금흐름 조정

실제 지출금액과 당초 예산안을 비교해보라. 차액이 크면 현실적이지 않다는 것이다. 차액을 줄일 수 있는 방법을 생각해보라. 예산을 조정할 수도 있고, 지출을 통제할 수도 있다. 당신의 처지에 가장 잘 맞는 방법을 선택하라. 중요한 것은 소득 범위 내에서 지출 예산을 세우고 예산범위 내에서 사는 것이다. 처음에는 다소 번거롭더라도 몇 개월이면 익숙해질 것이고 충분한 보상을 받을 것이니 조금만 더 인내력을 발휘해 보라.

4. 지출관리 양식(별첨 : 1분기 사용량의 '이상한 가계부')

1) 고정지출(월간)

(단위 : 원)

구 분		지출금액	예산	차액
부채상환	단기부채상환			
	장기부채상환			
	기타 부채상환			
부채상환비용 소계				
주거관련지출	임차료(월세 등)			
	주택관리비			
	주거관련비용			
	통신비(TV,인터넷)			
주거관련지출 소계				
자녀관련지출	교육비			
	자녀양육비			
	기타			
자녀관련지출 소계				
보험료	보장성보험료			
	기타보험료			
보험료 소계				
기타 고정지출				
고정지출 계				

메모

2) 변동지출

(단위 : 원)

구 분		1주차	2주차	3주차	4주차	5주차	월 합계	예산안	차액
가족생활지출	식품비								
	외식비								
	의복비								
	전화통신비								
	차량유지비								
	대중교통비								
	여가활동비								
	자녀양육비								
	부모님 용돈								
	자녀 용돈								
	기타								
가족생활지출 소계									
사회생활지출	식비								
	용돈								
	회식 모임								
	경조사비								
	기타								
사회생활지출 소계									
기타변동지출									
변동지출 계									

메모

1주차 (일 ~   일)

(단위 : 원)

구 분		월( )	화( )	수( )	목( )	금( )	토( )	일( )	주 계
가족 생활 지출	식품비								
	외식비								
	의복비								
	전화통신비								
	차량유지비								
	대중교통비								
	여가활동비								
	자녀양육비								
	부모님 용돈								
	자녀 용돈								
	기타								
가족생활지출 소계									
사회 생활 지출	식비								
	용돈								
	회식 모임								
	경조사비								
	기타								
사회생활지출 소계									
기타변동지출									
변동지출 계									

메모

이상한 가계부

2주차 (일 ~ 일)

구 분		월( )	화( )	수( )	목( )	금( )	토( )	일( )	주 계
가족 생활 지출	식품비								
	외식비								
	의복비								
	전화통신비								
	차량유지비								
	대중교통비								
	여가활동비								
	자녀양육비								
	부모님 용돈								
	자녀 용돈								
	기타								
가족생활지출 소계									
사회 생활 지출	식비								
	용돈								
	회식 모임								
	경조사비								
	기타								
사회생활지출 소계									
기타변동지출									
변동지출 계									

메모

3주차 (일 ~   일)

(단위 : 원)

구 분		월( )	화( )	수( )	목( )	금( )	토( )	일( )	주 계
가족 생활 지출	식품비								
	외식비								
	의복비								
	전화통신비								
	차량유지비								
	대중교통비								
	여가활동비								
	자녀양육비								
	부모님 용돈								
	자녀 용돈								
	기타								
가족생활지출 소계									
사회 생활 지출	식비								
	용돈								
	회식 모임								
	경조사비								
	기타								
사회생활지출 소계									
기타변동지출									
변동지출 계									

메모

4주차 (일 ~   일)

(단위 : 원)

구 분		월( )	화( )	수( )	목( )	금( )	토( )	일( )	주 계
가족 생활 지출	식품비								
	외식비								
	의복비								
	전화통신비								
	차량유지비								
	대중교통비								
	여가활동비								
	자녀양육비								
	부모님 용돈								
	자녀 용돈								
	기타								
가족생활지출 소계									
사회 생활 지출	식비								
	용돈								
	회식 모임								
	경조사비								
	기타								
사회생활지출 소계									
기타변동지출									
변동지출 계									

메모

성실성

5주차 (일 ~   일)

(단위 : 원)

구 분		월( )	화( )	수( )	목( )	금( )	토( )	일( )	주 계
가족 생활 지출	식품비								
	외식비								
	의복비								
	전화통신비								
	차량유지비								
	대중교통비								
	여가활동비								
	자녀양육비								
	부모님 용돈								
	자녀 용돈								
	기타								
가족생활지출 소계									
사회 생활 지출	식비								
	용돈								
	회식 모임								
	경조사비								
	기타								
사회생활지출 소계									
기타변동지출									
변동지출 계									

메모

3) 이벤트성 지출

구 분	지출 금액	연간 예산	차액	비고
재산세				
주민세				
자동차세				
자동차보험료				
설명절비용				
추석명절비용				
휴가비용				
기타 이벤트 비용				
합계				

메모

분기 결산(년   월~   월)

한 분기 동안 실천했다면 분기 결산을 꼭 해보라. 많은 것을 배우고 느낄 것이다. 자신감도 생길 것이다.

1) 수입(세후 수입 기준)

(단위 : 원)

구분	예산	( )월	( )월	( )월	분기 평균	차액
본인소득						
배우자소득						
임대소득						
이자, 배당소득						
연금, 기타소득						
수입 합계						

메모

2) 저축 및 투자

(단위 : 원)

구 분		예산	( )월	( )월	( )월	분기 평균	차액
정기적 투자	채권형						
	주식형						
	파생상품형						
	기타						
정기적 투자 소계							
비정기적 투자	채권형						
	주식형						
	파생상품형						
	기타						
비정기적 투자 소계							
투자 합계							

메모

3) 고정지출

(단위 : 원)

구 분		예산	( )월	( )월	( )월	분기 평균	차액
부채 상환	단기부채상환						
	장기부채상환						
	기타 부채상환						
부채상환비용 소계							
주거 관련 지출	임차료(월세 등)						
	주택관리비						
	주거관련비용						
	통신비(TV,인터넷)						
주거관련지출 소계							
자녀 관련 지출	교육비						
	자녀양육비						
	기타						
자녀관련지출 소계							
보험료	보장성보험료						
	기타보험료						
보험료 소계							
기타 고정지출							
고정지출 계							

메모

4) 변동지출

(단위 : 원)

구 분		예산	( )월	( )월	( )월	분기 평균	차액
가족 생활 지출	식품비						
	외식비						
	의복비						
	전화통신비						
	차량유지비						
	대중교통비						
	여가활동비						
	자녀양육비						
	부모님 용돈						
	자녀 용돈						
	기타						
가족생활지출 소계							
사회 생활 지출	식비						
	용돈						
	회식 모임						
	경조사비						
	기타						
사회생활지출 소계							
기타변동지출							
변동지출 계							

메모

이상한 가계부

5) 이벤트성 지출

(단위 : 천원)

구 분	연간예산	( )월	( )월	( )월	분기 평균	차액
재산세						
주민세						
자동차세						
자동차보험료						
설명절비용						
추석명절비용						
휴가비용						
기타 이벤트 비용						
합계						

메모

어떤가? 분기 결산을 해보니 만족스러운가? 결과야 어떻든 막연함에서 벗어나 당신의 재정상황과 흐름에 대해 어느 정도 알 수 있게 되었을 것이다. 조금씩 자신감이 생기는가? 미세한 것이라도 긍정적인 변화가 있었다면 자축하라. 그러나 방심하면 안 된다. 이제 겨우 시작했을 뿐이다.

적절한 비상금을 준비했고, 부채가 없으며 매월 수입 범위 내에서 계획성 있게 저축하고 지출을 관리한다면 당신의 재정은 날로 튼튼해질 것이다.

성실성

급하지는 않지만 중요한 재정관리 중 비상금 마련에 대해서는 앞에서 언급했다. 비상금 못지 않게 중요하게 다루어야 할 것이 위험관리이다. 어떻게 준비하느냐에 따라 가정 경제에 미치는 영향이 크기 때문이다.

1. 왜 필요한가?

우리 주변에는 많은 비용을 요구하는 각종 사고나 치명적인 질병 등 위험이 도사리고 있다. 만일 당신이 가치 있는 삶을 계획하고 성실하게 실천하며 살고 있더라도 이런 위험에 직면하게 되면 큰 차질이 생기고 만다. 예기치 않은 위험은 당신의 재정계획을 마비시키거나 장기간 지연시켜 당신과 가족의 꿈과 행복을 송두리째 위협하기 때문이다.

위험관리는 각자의 재정적 상황에서 감당할 수 있는 적정한 비용으로 불확실한 미래에 발생할 수 있는 경제적 손실에 대비 하는 것이다.

재정적 위험부담을 제거하는 것은 유사시에도 현재 생활을 유지할 수 있다는 긍정적 기대와 안심을 통해 삶의 계획을 지속하여 실천할 수 있으므로 행복한 미래를 가꾸어 갈 수 있게 한다.

2. 어떤 위험에 대비해야 하나?

인적 위험은 조기 사망, 장기 생존, 질병과 상해 등 신체적 위험과 실업 등 경제적 위험을 말한다.

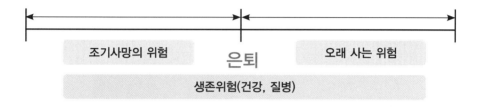

가) 활동기에는 조기 사망으로 인한 소득의 중단에 대비하여야 한다. 특히 가정경제에 영향이 큰 소득원의 보장계획이 중요하다. 당신 가정에 필요한 만큼의 보장금액을 준비하여야 한다.

얼마나 필요할지에 대해서는 생애가치법, 니즈분석법, 자본보유법 등의 산출방법이 있다. 가장 보편적으로 사용되는 방법은 니즈분석법인데 뚜렷한 재무목표와 그에 따른 필요금액을 산출하고 현재 그리고 미래에 준비된 자금을 빼면 보장금액을 계산할 수 있다.

그 다음 비용을 고려해야 한다. 종신보험처럼 비싼 비용을 지불해야 하는 상품도 있지만 일정 기간만 보장받는 정기성보험의 경우 저렴한 비용으로도 보장을 준비할 수 있기 때문에 필요보장규모에 맞춰 설계할 수 있다.

얼마나 준비되어 있는지 점검해보라. 가입한 보험상품별로 사망 시 지급되는 보험금액을 합산하여 보면 알 수 있다. 이때 사망의 원인에 관계없이 지급되는 보험금을 기준으로 하라. 보장기간도 함께 살펴보기 바란다. 필요기간보다 짧아서 제 기능을 하지 못한 상품도 있기 때문이다.

보험상품명	보험회사	사망보험금	보장기간	비고
총 사망보험금			원	

이상한 가계부

나) 은퇴 후 노후기간은 점점 길어지고 있으며 노후를 어떻게 보내느냐는 행복한 삶을 결정하는데 많은 영향을 미친다. 그러므로 은퇴 후 생존 기간 동안 소득이 중단되는 것에 대해 대비하는 것은 매우 중요하다고 할 수 있다.

은퇴 후에 예상 필요금액과 예상소득을 산출해보아야 한다. 4대 공적연금과 퇴직연금, 개인연금 등 연금예상수령금액과 은퇴자금으로 전환할 수 있는 자산들을 연금화 했을 때 받을 수 있는 금액을 더해보면 예상소득을 산출할 수 있다.

구분		예상수령금액의 현재가치	비고
공적연금 (국민연금, 공무원연금, 사학연금, 군인연금)			
퇴직연금			
개인연금			
기타 은퇴자산	부동산		
	현금		
	퇴직 일시금		
	기타 소득		
합계			

다) 마지막으로 평생 동안 질병과 상해에 대한 대비를 고려하여야 한다. 치명적인 질병과 상해는 많은 비용을 필요로 할 뿐만 아니라 상당부분 경제력을 감쇄시키기 때문에 적절한 대비책이 필요하다. 빈번하게 보험을 가입했다는 혜택을 누리는 것보다 결정적인 상황에서 도움을 받을 수 있도록 계획하는 것이 중요하다는 것을 명심하라.

질병보장

질병 명	진단급여금	수술비	입원비
암			
심근경색			
뇌졸중			
기타1( )			
기타2( )			

성실성

상해에 대한 보장은 후유 장애율에 따라 보험금이 다르다. 최저 3%부터 80% 이상까지 구분하여점검해보라.

상해보장

보험상품	80% 이상	50% 이상	30%	20%	10%	3%

재산 위험은 주택, 건물 등 부동산이나 자동차, 가구 등 동산의 손실에 따른 위험과 추가로 제거 비용, 시간요소 손해 등을 말하며, 배상책임위험은 재산의 소유, 직업, 사업, 일상생활에서 발생할 수 있는 배상책임 위험을 말한다. 이런 복잡한 부분은 직접 해결하기가 어려우므로 전문가의 조언을 구하는 것이 좋겠다.

3. 어떻게 해야 하나?

위험을 손실의 규모와 발생 빈도에 따라 나누어 살펴보자.

위험관리는 빈번하게 발생하지 않지만 손실규모가 큰 위험에 대한 계획이다. 적정한 비용(보험료)을 지불하고 위험을 이전 시키는 것이다. 손실의 규모가 크면서 빈번하게 발생하는 위험은 비용이 지나치게 많아 감당할 수 없으므로 위험을 피하는 방법이 상책이다. 또 발생빈도에 관계 없이 경제적 영향이 적은 위험에 대해서는 보유하는 방법을 택한다. 감기나 사무용품의 분실처럼 재정적으로 영향이 미미한 경우의 위험에 대해서는 보험에 가입할 필요가 없는 것이다.

구분	낮을 때	높을 때
심각	이전	회피
미비	보유	보유

손실의 규모 (세로축)

손실의 발생 빈도(확률)

아주 사소한 경제적 손실에 대해서도 보험혜택을 주는 보험상품은 큰 위험에 대한 대비를 먼저 한 후에도 여유가 있는 경우가 아니라면 피하는 것이 좋다. 당장의 작은 혜택이 보험을 가입하는 이유는 아니기 때문이다.

보험 상품은 생명보험과 손해보험 두 종류가 있다. 생명보험은 미리 정해진 보험금을 약관에 규정된 내용에 따라 지급한다. 손해보험은 실제 발생한 손실가액 범위 내에서 정해진 규정에 따라 보험금이 지급된다.

구분	생명보험	손해보험
보험금 지급	정액	실손(본인부담금 기준)
지급기준	약관	국민건강보험 적용시 : 100% 비적용시 : 40%
유의점	약관에 보장내용 비포함시 지급불가	치료비 또는 미만 나올 수 있음

생명보험과 손해보험의 특성을 활용하여 감당할 수 있는 적정한 비용으로 위험관리를 하려면 아래 표와 같이 위험이 큰 경우 생명보험의 정액보장을 선택하고 중, 저 위험의 경우 실제 비용을 보장받도록 설계하는 것이 좋다.

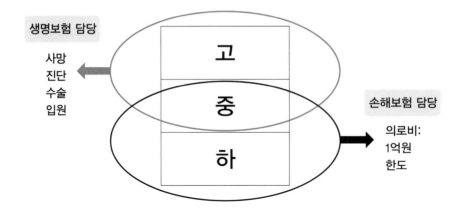

4. 보험은 과학이다

보험은 매우 과학적인 근거를 토대로 만들어져 있다. 보험금과 보험료는 확률 통계와 각종 비용을 고려하여 산출된다. 그러므로 보험에서는 특혜란 있을 수 없다고 보아야 한다. '더 저렴한 보험료로 더 큰 보장'이라는 말은 성립되지 않는다는 말이다. 자잘한 부분까지 세심하게 보험 혜택을 주는 상품이라면 큰 위험에 대한 보장보다는 빈번하게 발생하는 작은 위험에 대한 보장 위주로 설계된 상품이다. 되돌려 주는 적립금이 많은 상품도 보장부분의 보험료를 늘리는데 한계가 있을 것이므로 유사시 보장혜택은 크게 기대할 수 없을 것이다.

보험상품은 허튼 기대를 용납하지 않는다. 싸든 비싸든 제 값을 한다는 뜻이다. 그러므로 보장 계획을 수립할 때는 먼저 어떤 위험에 대한 대비가 필요한지를 판단하여야 한다. 빈번하게 발생하지 않지만 경제적 손실규모가 큰 것부터 준비하라. 그 다음 적정한 보장규모를 산출하고 감당할 수 있는 비용 범위 내에서 상품을 설계하면 된다.

5. 보험 리모델링, 신중하게 하라

문명과 기술의 발전은 생활의 편익을 제공한다. 예를 들면 자동차와 관련된 기술이 개발되어 새로운 기능들이 추가되면 운전자의 안전과 주행성능, 차량 유지 비용이 개선되는 것을 볼 수 있다. 또 감각적인 디자인은 감성적 욕구를 충족시키기에 충분하다. 그러나 혜택을 받으려면 반드시 상당한 대가를 지불하여야 한다.

보험상품도 마찬가지다. 상품운용 서비스나 보장내용이 바뀔 때 새로운 상품으로의 전환은 상당한 대가를 요구한다. 또 보험의 핵심보장보다 덜 중요한 특약을 바꾸기 위해 기존 보험을 해지하고 새로운 보험을 가입하는 경우도 많다. 당신은 어떤가? 그런 경험이 있는가?

끊임없이 쏟아져 나오는 보험상품과 그것을 판매하기 위한 보험회사나 보험업 종사자들의 노력은 결코 헛되어 보이지 않는다.

금감원 보험감독국 자료에 의하면 FY2011 상반기 보험계약유지율 자료를 보면 알 수 있다. 보험계약을 체결하고 25개월째, 그러니까 2년이 경과 된 시점의 계약유지율이 61.5%로 나타났다. 2년 만에 거의 40%의 계약이 실효나 해지되는 실정이다.

생명보험협회가 2009년 전국 278가구를 대상으로 조사한 자료에 의하면 보험계약의 평균 유지기간은 31.9개월로 나타났으며 5년 이상 유지되는 계약이 18%에 불과했다.

보험회사의 매출은 매년 늘어나는데 왜 이런 결과가 나오는 걸까? 보험 리모델링이 톡톡히 한 몫을 하고 있다고 볼 수 있다.

몇 가지 옵션 때문에 비싼 비용을 지불하고 차를 바꾸는 꼴이다. 편이를 위해 성능을 줄이는 것도 모르는 경우가 많다. 덜 중요한 것에 비용을 지불하다 보니 더 중요한 보장이 줄어든다는 것을 모른다. 그리고 그런 일이 너무 빈번하게 일어난다. 참으로 안타까운 일이다.

손해를 감수하면서 해약하고, 또 가입하고를 반복하고 있다면 그로 인해 미래를 위해 준비해야 할 자금에도 영향을 주고 있다는 사실을 명심하라.

보험은 소모품이 아니다. 매우 장기적인 상품이며 그 값도 대단히 비싸다. 당신이 내고 있는 보험료를 계산해보면 알 수 있다. 경제활동 기간 동안 꾸준히 불입한다면 금액이 만만치 않을 것이다.

보험은 대체할 다른 방법이 없기 때문에 어쩔 수 없이 지불해야 하는 비용이다. 그러므로 가능하다면 최소화해야 한다.

보험의 본질적 기능은 위험에 대한 보장이다. 다양하게 활용하더라도 본질이 왜곡되면 의미가 없다. 유행에 휩쓸리지 말라. 보험회사나 보험설계사들이 만들어 내는 것이지 보험가입자의 니즈가 유행을 만들어 내지는 않는다.

보험 리모델링은 필요하지만 항상 신중하게 하기를 바란다.

성실성

1. 투자의 출발은 저축이다

저축은 벌어들인 돈을 다 지출하지 않고 남기는 것이다. 미래를 위해 오늘의 소비를 억제하는 것이다. 재정의 안정을 위해서는 얼마가 되었건 저축하는 습관을 가져야 한다. 버는 대로 소비한다면 소득이 중단되는 시기에는 쓸 돈이 남아 있지 않게 되기 때문이다.

1990년 이전 20%를 상회하던 우리나라의 가계저축률이 2010년에는 OECD 평균의 2/5 수준인 2.8%로 나타났다. 이는 OECD 회원국 중에서도 '低저축국가'에 속하며 1990년 이후 가계저축률 하락 속도에서도 가장 빠른 실정이다.

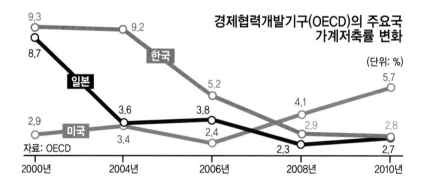

경제협력개발기구(OECD)의 주요국
가계저축률 변화

(단위: %)

자료: OECD

한국
일본
미국

9.3
8.7
9.2
5.2
4.1
5.7
2.9
3.6
3.4
3.8
2.4
2.9
2.3
2.8
2.7

2000년 2004년 2006년 2008년 2010년

3% 미만의 저축으로 미래에 필요한 비용을 마련할 수 있을까? 불가능하

다. 그렇다면 미래에는 어떻게 살 것인가?

저축을 못하므로 미래에 대한 기대가 없고, 미래에 대한 희망이 없기 때문에 현실적인 만족을 더 추구하는 것이 반복되고 있다. 악순환의 고리를 끊는 방법은 체계적인 재정관리와 지출의 통제로 최대한 저축금액을 늘리는 방법 말고는 없다.

저축을 늘리지 않고 투자자산에 대한 기대 수익률을 높이는 것은 아무런 의미도 없다. 기대수익율을 높이는 만큼 손실의 위험도 부담해야 하기 때문이다.

2. 저축의 시대에서 투자의 시대로

간단하게 저축과 투자의 차이를 비교해보자.

저축	투자
모아서 돈을 번다	가격이 올라서 돈을 번다
가입 시점에 수익 확정	파는 시점에 수익 확정
원금 보전	원금 손실 가능
인플레이션에 취약	인플레이션 극복 가능
은행에 돈을 빌려 준다	가격 상승이 기대되는 물건을 사둔다

저축은 만기에 받을 금액(원금과 이자)이 가입시점에 확정된다. 또 저축 기간 동안 물가 상승이나 투자 시장 상황의 변화에 대해서 영향을 받지 않는다.

그러나 투자는 가격 상승이 예상되는 물건을 사 두는 개념이므로 돌려받을 금액은 처분하는 시점에 결정된다. 손해를 볼 수도 있지만 물가 상승으로 인한 자산가치의 하락을 어느 정도 피할 수도 있다.

지금을 왜 투자의 시대라고 할까?

과거사회와 현재사회는 많은 차이가 있다. 과거에는 일자리를 구하는 것과 정년이 어느 정도 보장되었다. 퇴직금을 받아 고금리 금융상품에 넣어 두면 이자만으로도 짧은 은퇴생활을 하는데 지장이 없었다.

그러나 현재는 일자리를 구하기도, 정년을 보장받기도 어렵다. 비싼 주택비용으로 인해 부모의 재정적 지원 없이 독립하는 것도 어렵다. 자녀들의 교육자금과 주택구입자금에 시달리느라 은퇴 준비를 제대로 하기도 어려운 상황인데 은퇴 후 생존기간이 30년 전후로 엄청나게 길어졌다.

과거	현재	차이
고도성장	저성장	직업 안정성, 정년 보장
평균수명 60대	고령사회	퇴직금으로 은퇴생활 가능 여부
다산	저출산	자녀의 지원 또는 자녀에게 지원
고금리	저금리	자산가치의 증가 또는 감소

게다가 물가상승률을 밑도는 저금리로 자칫 자산가치가 감소할 위험마저 있다. 이러한 사회, 경제적 환경요인들은 재정관리에 있어서도 보다 공격적인 투자를 요구하고 있다. 안정적인 자산구조로는 미래의 재정문제를 해결하지 못할 가능성이 크기 때문에 손실가능성이라는 위험을 부담하더라도 기대수익

을 높이는 방법을 선택하는 것이다.

3. 효과성을 추구하는 투자

막연하게 자산을 불리는 투자는 바람직하지 않다. 돈의 사용목적을 명확히 하고 장기적이고 지속적으로 좋은 결과를 추구하는 투자를 해야 한다. 투자의 시장에서는 좋고 나쁜 상황이 반복할 수 밖에 없는데 분명한 목적이 있어야 시장의 변동을 이겨낼 수 있기 때문이다.

4. 투자의 위험을 알아야 관리할 수 있다

시장의 위험은 개별 기업의 경영성과에 관계없이 영향을 받는 위험으로 IMF나 금융위기 때를 예로 들 수 있다.

투자시장은 필연적으로 등락을 거듭할 수 밖에 없다. 좋은 상황만 지속될 것 같지만 예기치 않은 문제점이 발견되어 출렁거리고 해결하면 다시 좋아지는 것을 반복하기 때문이다. 우리가 할 수 있는 것은 시장의 변동사이클을 전제로 합리적인 목표수익을 달성할 수 있는 것이다. 그러므로 경기변동 사이클 이상의 투자기간이 필요하다.

위험	의미	위험관리 지침
시장의 위험	기업 자체적으로 방어할 수 없는 국가나 시장 전체에 미치는 위험 예) 9.11테러, IMF, 금융위기 등	장기투자
개별기업의 위험	개별 기업이 가지고 있는 위험 예) 경영상 위험, 업종 불황 등	분산투자 (자산배분)
심리적 위험	가격변동으로 인한 투자자의 심리변화위험 예) 오르면 탐욕, 떨어지면 공포 작용	간접투자

개별기업의 경영성과나 업종 불황 등으로 인한 위험이 개별기업의 위험이다. 개별기업의 위험은 우량한 여러 개의 회사에 분산 투자함으로써 해소할 수 있다.

상승 장에서는 한없이 오를 것 같고, 하락 장에서는 끝없이 떨어질 것 같은 심리가 투자자에게는 있다. 이런 투자심리로 인한 위험이 심리적 위험이다. 이는 전문가에게 맡겨 간접 투자함으로써 해소할 수 있다.

전문가들에 의해 우량한 기업에 투자하는 펀드를 통해 투자위험을 전반적으로 관리하여 재무목표를 달성하도록 하는 포트폴리오 전략이 추천하고 싶은 방법이다.

5. 투자기간에 따른 위험도 있다

투자 기간에 따른 위험도 고려해야 한다.

3년 이내에 사용할 자금이라면 가격하락으로 인해 필요금액을 채우지 못할 위험이 있다. 그래서 단기 목적자금은 보다 안정적인 자산운용이 필요하다. 반면 장기투자에 있어서는 인플레이션으로 인한 자산가치 하락의 위험에 대비하여야 한다. 지나치게 안정적으로 운영하다가는 자산가치가 감소할 가능성이 있기 때문에 다소 공격적인 태도를 취해야 한다. 이 경우 투자기간이 장기이므로 변동의 위험은 충분히 관리할 수 있다고 본다.

이처럼 어떤 전략을 선택할 것인가는 투자기간에 따라 달라지므로 무엇보다 목적을 명확히 하는 것이 중요하다. 언제 어떤 용도를 쓸 것인가를 분명히 한 다음 투자 전략을 선택하여야 한다. 막연하게 높은 수익을 추구하겠다는 생각으로는 하락 장을 견디기 어렵고, 지나친 기대나 욕심으로 투자성과에 악영향을 미치는 선택을 할 가능성이 매우 높다.

투자상황에서 빈번한 매도나 매수의 투자포지션 변화보다 진득하게 보유하는 경우 더 큰 수익을 올리는 경향이 있다. 명확한 목적과 그에 맞는 투자전략은 경솔한 투자행동을 자제하게 함으로써 재무목표를 달성하는데 긍정적인 영향을 주게 된다.

투자에 있어서의 의사결정은 모든 사람에게 일률적으로 적용할 수 있는 것은 아니다. 각자의 돈에 대한 가치관이 같을 수 없기 때문이다. 무엇보다 위험을 수용할 수 있는 정도가 다르므로 각자의 위험 허용도를 고려하는 것이 반드시 필요하다.

	단기	중기	장기
기간	3년 이내	3~7년	7년 이상
용도	물품구입, 교육 등	물품구입, 교육 등	교육, 주택, 은퇴 등
위험	가격변동	가격변동위험 회피 가능 인플레이션 위험 적음	인플레이션
전략	안정성	안정성 + 수익성	수익성, 절세
자산배분	채권형	채권+주식형	주식형
상품	예, 적금	펀드	펀드, 절세형 상품,주택 관련 상품, 연금형 상품

6. 투자의 마법, 복리 효과

복리란 이자 계산 방법의 하나로 일정기간 이자를 축적하여 원금에 가산시킨 후 이것을 새로운 원금으로 계산하는 방법이다. 즉 이자에 이자가 붙는 것이다. 돈이 돈을 버는 것이다.

복리를 이해하는데 도움이 되는 유명한 일화가 있다. 뉴욕 맨하탄에 관한 이야기다. 1620년경 이민자인 피터 미누잇은 미국 원주민에게서 오늘날의 맨하탄 섬을 단돈 24달러에 구입했다. 순진한 인디언들을 속여 헐값에 산 것일까? 만약 인디언들이 맨하탄을 판 돈 24달러를 쓰지 않고 은행에 맡겨두었다면 어떻게 되었을까? 매년 8%의 수익률로 계산해보면 2011년에 177조 달러쯤 된다. 현재 미국 맨하탄을 몽땅 사는데 1,000억 달러쯤이라고 하니 177조 달러에 비하면 미미한 금액일 뿐이다. 결과적으로 순진한 이민자들에게 원주민

인디언들이 바가지를 씌운 셈이다.

부자의 비밀은 바로 마법과 같은 복리에 있다. 복리와 단리(이자가 원금에 가산되지 않고 원금에 대한 이자만 누적되어가는 이자 계산 방법)를 비교해보면 쉽게 이해할 수 있다.

(매년 1,000만원씩 투자   단위 : 만원)

구분		5년	10년	20년	30년	40년
6%	단리	5,600	12,700	31,400	56,100	86,800
	복리	5,637	13,181	36,786	79,058	154,762
8%	단리	5,800	13,600	35,200	64,800	102,400
	복리	5,867	14,487	45,762	113,283	259,057
10%	단리	6,000	14,500	39,000	73,500	118,000
	복리	6,105	15,937	57,275	164,494	442,593
12%	단리	6,200	15,400	42,800	82,200	133,600
	복리	6,353	17,549	72,052	241,333	767,091

투자기간이 길수록, 수익률이 높을수록 큰 차이가 있다는 것을 알 수 있다. 복리에는 세가지 변수가 있는데 그것은 투자액, 수익률, 투자기간이고 어떤 변수가 더 크게 영향을 주는지는 복리공식을 보면 쉽게 알 수 있다.

투자액$(1+수익률)^{투자기간}$

다른 사례를 들어보자. 이 경우 투자기간이 얼마나 중요한지 더 실감할 수 있다. A는 20세에 시작해서 10년 동안 매년 말에 1,000만원씩을 투자 했다.

성실성

B는 10년이 지난 30세부터 65세까지 매년 말에 1,000만원씩을 투자 했다. 수익률은 10%로 가정했다.

(단위: 세, 만원)

	A(10년간투자)		B(10년이후투자)		차 이
	매년투자액	미래가치	매년투자액	미래가치	
20	1,000	1,000			
21	1,000	2,080			
22	1,000	3,246			
23	1,000	4,506			
24	1,000	5,867			
25	1,000	7,336			
26	1,000	8,923			
27	1,000	10,637			
28	1,000	12,488			
29	1,000	14,487			
30		15,645	1,000	1,000	14,645
31		16,897	1,000	2,080	14,817
32		18,249	1,000	3,246	15,002
33		19,709	1,000	4,506	15,203
34		21,286	1,000	5,867	15,419
35		22,988	1,000	7,336	15,652
36		24,827	1,000	8,923	15,905
37		26,814	1,000	10,637	16,177
38		28,959	1,000	12,488	16,471
39		31,275	1,000	14,487	16,789
40		33,777	1,000	16,645	17,132
41		36,480	1,000	18,977	17,503
42		39,398	1,000	21,495	17,903
43		42,550	1,000	24,215	18,335
44		45,954	1,000	27,152	18,802

이상한 가계부

45		49,630	1,000	30,324	19,306
46		53,601	1,000	33,750	19,850
47		57,889	1,000	37,450	20,438
48		62,520	1,000	41,446	21,073
49		67,521	1,000	45,762	21,759
50		72,923	1,000	50,423	22,500
51		78,757	1,000	55,457	23,300
52		85,057	1,000	60,893	24,164
53		91,862	1,000	66,765	25,097
54		99,211	1,000	73,106	26,105
55		107,148	1,000	79,954	27,193
56		115,720	1,000	87,351	28,369
57		124,977	1,000	95,339	29,638
58		134,975	1,000	103,966	31,009
59		145,773	1,000	113,283	32,490
60		157,435	1,000	123,346	34,089
61		170,030	1,000	134,214	35,816
62		183,632	1,000	145,951	37,682
63		198,323	1,000	158,627	39,696
64		214,189	1,000	172,317	41,872
65		231,324	1,000	187,102	44,222

두 사람이 65세가 되었을 때, A는 23억 1,324만원이 쌓여 있고 B는 18억 7,102만원을 모을 수 있다. 저축을 일찍 시작한 A는 단 10년간의 투자로도 36년간 투자한 B보다 4억4,222만원이나 더 많은 재산을 가질 수 있었는데 이것은 복리의 마법 때문이다.

빨리 시작하는 것이 중요하다. 당신도 지금 당장 시작하라. 오늘보다 더 빠른 날은 없다.

7. 재무목표에 맞는 투자전략

저축과 투자를 할 때, 한꺼번에 하는 경우와 필요한 용도와 시기, 규모에 맞게 나누어 준비하는 경우가 있다.

물 양동이에 필요한 물을 채우는 과정과 비교하여 생각해보자.

한 가지 방법은 먼저 3년 후에 쓸 물 양동이에만 물을 다 채워 3년 후에 쓰고, 그 다음에는 5년 후에 쓸 물 양동이에만 물을 채워 5년 후에 쓰고······. 이런 식으로 필요한 돈을 몽땅 한꺼번에 모아 때가 되면 모두 쓰고 다시 시작하기를 반복하는 방법이 있다.

다른 방법은 3년 후에 10ℓ를 채우기 위해 지금부터 얼마씩을 채워야 할지, 5년 후에 10ℓ를 채우기 위해서는 얼마씩 채워야 할 지······. 이런 식으로 모든 필요에 맞게 분배하여 함께 채워가는 방법이다. 전체적이고 장기적인 관점에서 필요한 돈을 준비하는 방법이다.

무엇이 더 현명한 방법일까? 후자의 방법을 추천한다. 그 이유는 첫째, 위에서 살펴보았듯이 투자 수익은 시간을 먹고 자란다. 복리 효과를 최대한 활용할 수 있는 투자를 선택하여야 한다. 둘째, 목적이나 기간에 따라 전략이 달라져야 한다. 단기간에 필요한 돈은 무엇보다 가격변동의 위험을 피해야 하고, 먼 미래에 필요한 돈은 인플레이션으로부터 돈의 가치를 지킬 수 있는 방법을 선택하여야 한다. 셋째, 새는 돈을 최대한 막기 위해서이다. 작은 목표를 달성했다고 돈을 낭비하는 경우가 있다. 예를 들면 3년 동안 1,000만원이 필요했는데 2년 만에 모았다면 그때부터 따로 다음목표를 위해 저축하기보다 여유로운 소비를 선택하기 때문이다. 넷째 적은 금액이면 괜찮은데 재무목표가 큰 비용을 요구하는 경우에는 짧은 시간에 준비할 수 없다. 예를 들면 자녀 뒷바라지 다 마치고 난 다음 노후준비를 한다는 것은 거의 불가능에 가깝다.

재정관리를 하는 목적은 재무목표를 달성하는 것이다. 용도와 시기, 규모에 맞는 저축과 투자방법을 선택하는 것이 중요하다.

8. 생각해보자

가. 적립식으로 투자하면 기대수익을 높일 수 있다.

이 말은 옳지 않다. 적립식 투자의 장점은 매입 단가를 평준화하여 가격 변동으로 인한 위험을 줄이는데 있다. 그 자체로 수익률을 높일 수는 없다. 매입 단가를 평준화 하는 기능도 적립하는 금액이 누적된 금액의 평균 매입단가에 영향을 미치지 못할 정도로 커지면 의미가 없다.

예를 들면 매월 100만원씩 투자를 할 때 초기에는 월 불입액이 총 매입단가에 영향을 준다. 그러나 3년만 지나도 원금이 3,600만원이 되어 매월 불입하는 100만원이 매입단가에 미치는 영향이 적어진다.

나. 10년 후 비과세 통장으로 활용하라.

10년 이상 불입하는 장기성 보험에 가입하면 비과세 혜택을 받을 수 있다. 이 때 비과세라는 것은 불입한 총 금액보다 돌려받게 되는 금액이 더 많아 차익이 발생했을 때 의미가 있다. 그 차익 즉 이자소득에 대해 비과세 혜택을 주는 것이기 때문이다. 수익이 발생하지 않거나 미미하다면 그다지 기대할 것이 없다.

그런데 이런 상품들은 대부분 많은 비용을 납입 초기에 부담시켜 상당기간 불입원금을 찾기 힘들다. 이렇듯 혜택을 받게 될 게 얼마 되지 않는데도 비과세라는 말에 현혹되는 선택하는 경우가 많다. 세금을 내더라도 돌려 받을 것이 많은 방법을 선택해는 것이 옳지 않을까?

또 10년이 지나면 평생 동안 비과세 통장으로 입출금을 자유롭게 할 수 있다고 하기도 한다. 그러나 불입할 때 비용을 미리 차감하기 때문에 불입원금을 회복하는데도 시간이 필요하고 비과세 혜택을 받으려면 더 많은 시간이 필요하다는 것을 설명해주는 사람은 없다.

명확한 목적이 없다면 이자소득세 비과세 혜택을 받기 위해 10년 이상 불입하는 것 자체가 쉽지 않을 것이다. 그러니 재무목표부터 명확히 하고 그에 맞는 가장 합리적인 대안을 선택하도록 하라.

다. 시장변화에 신속하게 대응하여야 한다

재정계획은 장기적인 경우가 대부분이다. 가까이 있는 재무목표들에 대해서는 선택할 전략이 별로 없지만 장기적일수록 복잡하고 다양한 해결책이 있기 때문이다. 그런데 10년, 20년 후에 쓰일 돈을 마치 1년 후에 쓸 돈처럼 다루는 경우가 있다.

미래에 대한 예측이 그렇다. 금방 어떻게 될 것처럼 예측하지만 그렇게 되는 경우는 좀처럼 없다. 미래는 인간이 관여할 영역이 아니다. 그것은 신의 영역이다. 인간이 선택할 수 있는 것은 과거 경험으로부터 얻은 합리적인 지침이다. 실패를 줄일 수 있는 현명한 방법을 냉정하게 유지하는 것이다.

만약 누군가 당신의 자산을 그런 식으로 불려주겠다고 한다면 미련 없이 거절하라. 그는 자기 자신의 자산도 제대로 지키지 못할 것이기 때문이다. 즉 옳은 방법이 아니기 때문이다. 재정계획의 목적은 재무목표를 달성하는 것이지 수익을 추구하는 것이 우선되어서는 안되기 때문이다.

라. 차라리 말리는 것이 낫다

조사한 바에 따르면 투자자들의 빈번한 거래로는 시장의 평균수익을 얻지 못한다고 한다. 그러므로 재정문제에 대한 올바른 조언을 하는 사람은 고객의 동요를 말려주는 사람이어야 한다. 오히려 불안을 부추긴다면 당신의 삶보다는 당신의 돈에 더 관심이 많은 사람이라고 보아야 한다.

마. 투자에는 대가가 따른다

기대수익이 높으면 손실 위험도 높다는 것은 당연한 말이다. 기대수익이 높은데 위험이 없다고 말한다면 제발 그 사람을 믿지 말라. 무지하여 당신을 도울 능력이 없거나 신뢰할만한 사람이 못 된다. 투자에 있어서 수익과 위험은 동전의 양면처럼 붙어 다닌다.

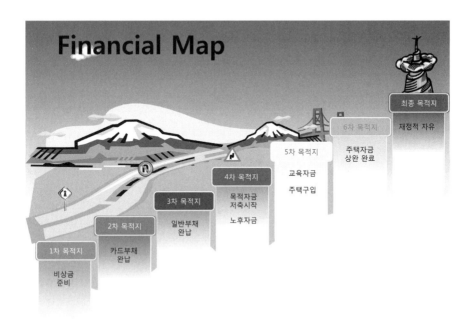

앞에서 설명한 것처럼 재정을 관리하는 단계에 맞춰 성실하게 실천한다면 당신은 머지 않아 돈으로부터 시달리지 않고 자유로워 질 것이다. 중요한 것은 단계를 밟으라는 것이다. 단계는 당신의 재정능력과 재정적 태도의 성숙을 의미하기 때문이다. 앞 단계를 건너 뛰면 원만하게 진행될 수 없다. 반드시 해결하고 넘어가라. 그리고 익숙한 일상이 되게 하라. 처음에서 어색하겠지만 나중에는 더 친근하여 벗어버리기 어려운 습관이 될 것이다.

1. 모니터링 없는 재정관리는 무의미하다

재정계획과 진행상황을 전반적으로 점검하는 과정을 모니터링이라 한다. 재정계획은 일생 동안의 재정문제에 대한 매우 장기적이고 종합적인 계획이므로 여러 가지 상황이 바뀔 수 있다. 재무목표가 바뀌거나 사라질 수 도 있고 새로 생길 수도 있다. 경제 금융환경의 변화로 목표 달성과정에서의 전략과 전술이 맞지 않게 될 수도 있다. 예기치 않은 손실이나 큰 비용이 요구되는 상황이 발생할 수도 있다. 소득구조나 가족 구성이 바뀔 수도 있다.

다양한 변화로 인해 처음 계획을 세울 때와 같은 상황이 전개되지 않는 한 모니터링이 없는 재정계획은 의미가 없다. 그러므로 재무목표를 달성하기 위해서 지속적이고 정기적인 모니터링은 필수적이라 하겠다.

2. 방법

모니터링은 재정관리 전반에 관한 계획을 세울 때처럼 하면 된다. 삶에 기반한 재무목표를 다시 확인하고 재무상태나 현금흐름을 재점검하여 재무목표 달성에 적합한 상태인지 판단하면 된다. 변동사항이 없다면 본래의 계획이 차질 없이 진행되고 있는지 점검하면 되고 변동사항이 있거나 목표 달성에 지장이 있는 경우에는 다시 재무목표 달성을 위한 계획을 세워야 한다.

전략적 점검사항은 2년 내지 3년 주기가 적절하다. 너무 빈번한 모니터링은 장기적인 관점보다 단기적이고 지엽적인 변화에 민감해질 우려가 있으므로 오히려 재무목표 달성에 방해가 될 수 있다.

전략적 점검 사항은 어떤 것들일까?

첫째, 고객의 신상이나 가족사항(사망, 출생, 이혼, 재혼 등)

둘째, 재무목표의 변화 및 실현 가능성

셋째, 경제환경 및 금융시장의 변화(ex. 금리, 환율 , 외환자유화 , 세제변화 , 부동산 정책 등)

넷째, 전략적 자산 배분에 대한 전반적인 내용 및 투자회사, 상품, 펀드매니저에 대한 검토 등이다.

단기적인 경제환경의 변화에 능동적으로 대처하기 위해 전술적 점검도 필요한데 이 경우에도 맹목적으로 수익률을 쫓아서는 안되며 전략적 자산배분을 무너뜨려서도 안 된다.

특히 재무목표 도달 시점이나 자금 필요시점이 가까워졌을 때의 모니터링이 중요하다. 이때는 재무목표 달성에 차질이 없도록 안정자산화 할 필요가 있으며 모니터링 주기를 단축시켜 좀 더 면밀하게 점검하여야 한다.

성실성

∷ 돈의 가치를 키워라

최근 상담 중에 들은 이야기다. 재산이 200억쯤 되는데 집안의 애경사 때 들어온 부조금을 혼자 다 차지하여 가족, 친지들에게 매우 인색하다는 이야기를 듣는 사람이 있다고 하면서 그래서 그는 부자가 되었을 것이라는 것이다. 그럴 수도 있겠다. 한 번 들어온 돈이 나가지 않으면 부자가 될 수 있다. 그러나 그 사람에게 돈은 무슨 의미가 있을까?

은행 정기예금 금리를 3.8%라고 하더라도 세 후 연 6억4천 만원의 이자가 생기는데 왜 그렇게 살까? 1억쯤 쓰고 5억4천 만원을 어려운 사람들을 위해 쓴다면 그의 인생이 어떻게 바뀔까?

내가 쓰는 만원과 어려운 사람이 쓰는 만원의 가치는 다르다. 재정계획을 통해 평생 필요한 돈을 마련하였다면 그 후로는 돈의 가치를 키우는 삶을 살아보라. 당신의 삶은 더욱 풍요로워질 것이며 사랑과 기쁨으로 충만해질 것이다.

사실 궁극적으로 내 것은 없다. 살아 있는 동안 내 것일 뿐이다. 그러니 그 가치를 최대한 키움으로써 더욱 풍요롭게 사는 삶이 더 지혜로운 삶 아닐까?

철강 왕 카네기는 '부자로 사는 것은 축복이지만 부자로 죽는 것은 수치스러운 일이다.'라고 했다지 않은가.

이
상
한
가
계
부

자녀 재정교육

행동으로 모범을 보이니 따라 하고, 말로만 가르치니 따지더라. (以身教子從 以言教子訟 – 후한서)

자녀에게 돈과 관련된 교육을 해 본적이 있는가? 필요성은 느끼는가? 못했다면 왜 못했는가?

자녀들로부터 돈과 관련된 질문을 받은 적은 있는가? 그때 어떻게 대답했는가?

당신 자녀는 경제활동을 어떻게 하는가? 자녀의 경제지수를 알 수 있는 간단 다음 질문에 답해보라.

질문	대답
정기적으로 용돈을 받는다	예, 아니오
용돈기록장을 쓴다	예, 아니오
저축과 투자의 개념을 안다	예, 아니오
은행이나 증권회사 등 금융기관에 자녀명의의 통장이 있다	예, 아니오
갖고 싶은 것을 사기 위해 저축을 한다(해본 적이 있다)	예, 아니오

단리와 복리 차이를 안다	예, 아니오
은행의 수시입출금 통장과 증권사의 CMA의 차이를 안다	예, 아니오
신용카드를 사용하는 것이 외상구매라는 것을 안다	예, 아니오
자신이 지출하는 비용이 부모의 값진 노력의 결과인지 안다	예, 아니오
열심히 공부해야 하는 이유를 안다	예, 아니오

몇 개의 항목에 '예'라고 답을 할 수 있었는가? 먼저 자녀들에게 재정교육이 왜 중요한지 살펴본 다음 평가 결과에 대해 말하기로 하자.

자녀에게 재정교육은 왜 필요할까?

1. 언제 시작해도 처음엔 초보 운전자

'3시간째 직진 중', '어린이가 몰고 있어요' ……. 우리는 가끔 초보운전자의 재치 있는 사인을 볼 수 있다. 당신이 처음 운전했을 때를 떠올려 보라. 얼마나 긴장을 했던가? 여기 저기 주의를 해도 갑자기 나타난 옆 차로의 차들, 액셀레이터와 브레이크를 잘 못 밟기도 하고…….

누구나 초보운전 단계를 거치지 않고 능숙한 운전자가 될 수 없다. 몇 살 때 이건 마찬가지다. 4, 50대에 처음 운전하더라도 초보운전의 과정을 겪게 된다.

재정에 관한 것도 마찬가지다. 처음 시작하면 초보다. 시행착오를 겪게 된다. 자녀 재정교육은 초보운전과정을 부모와 함께 할 수 있다는데 의미가 있다. 부모의 경험과 자녀에 대한 애정으로 현명하게 돈을 다루는 능력을 점진적으로 키워줄 수 있다. 짧게는 5년에서 길게는 20년 정도를 훈련할 수 있으니 재정적 자립을 위한 준비를 잘 할 수 있지 않을까?

우리가 걸어온 길을 자녀들도 걷게 된다. 아이들은 언젠가 경제활동을 시작할 것이다. 언제 초보자로 시작하게 할 것인가?

2. 소비하는 아이들

맞벌이 가정, 아이들의 외부활동 시간의 증가 등으로 부모가 자녀들의 일거수 일투족을 사사건건 챙겨줄 수 없게 되었다. 이제는 여러 가지 일들을 아이 스스로 판단하고 결정하는 일이 많아졌다.

재정적인 의사결정을 해야 하는 경우도 그렇다. 그런데 계획 없이 무분별하게 소비만 하는 아이들이 많다. 미리 정해진 용돈도 없고 그때 그때 필요할 때마다 부모로부터 타서 쓰는 아이들은 미래를 위해 저축 할 필요가 없다. 필요하면 부모에게 달라고 하면 해결되기 때문이다.

미래를 위해 저축하는 아이들은 돈을 쓰는데 기준이 있게 마련이다. 한정된 용돈으로 효용을 극대화하는 방법을 터득해 가는 것이다. 미래의 더 큰 만족을 위해 현재의 소비를 억제 할 수 있는 만족지연능력은 인생의 성취도를 결정할 만큼 중요한 능력인데 그것을 일상 속에서 자연스럽게 배워가는 것이다.

여기에 부모의 역할을 더한다면 어려운 사람들을 배려하는데 용돈의 일부를 할애하도록 지도해보라. 아이들이 세상을 바라보는 따뜻한 시각을 갖게 될 것이다.

요즘에는 아이들 스스로 소비하는 시대다. 돈 관리가 필요하다. 그러나 재정교육은 단지 돈의 문제만이 아니다. 아이들의 미래를 위해 독립심과 책임감을 키워줄 아주 좋은 교육기회인 것이다.

3. 교학상장(敎學相長)의 기회

농경사회 때 부모는 자식에게 농사짓는 법을 물려주었다. 어부는 고기 잡는 법을 가르쳤다. 산업사회에는 기술을 물려주었다. 생존에 관계되는 매우 중요한 일들이다.

지금은 무엇을 물려주어야 할까? 돈 관리하는 법을 알려주어야 한다. 어떻게 돈을 벌고, 쓰고, 관리하고, 가치를 키울 수 있는지 가르쳐야 한다. 재산을 물려주는 것보다 더 중요하다. 많은 재산을 남겨주더라도 제대로 관리할 수 없다면 돈의 주인이 되지 못하고 오히려 불행한 인생을 살 것이기 때문이다.

요즘의 경제, 금융환경은 어른들도 이해하기 힘들 정도로 매우 복잡하고 너무 빨리 변한다. 이럴 때에 어설픈 정보로는 오히려 손해를 볼 때가 많다.

가장 좋은 것은 안목을 기르는 것이다. 올바른 재정마인드와 습관을 형성하는 것이다. 그래서 재정교육을 통해 자녀가 평생 살아가면서 꼭 필요한 지혜를 배울 수 있도록 하는 것은 부모의 평생선물일 것이다.

자녀들에게 재정교육을 하는 것은 부모에게도 큰 도움이 된다. 아이와 함께 실천하며 모범을 보임으로 가정의 재정상황이 좋아질 것이다. 가르치면서 배우며 서로 성장하는 교학상장(敎學相長)이 가능한 것이다. 당신과 자녀의 미래를 위해 이보다 더 중요한 것이 있을까?

4. 주도성과 자기주도학습

우리의 정서는 돈에 대해 이중적 기준을 가지고 있는 것 같다. 한편으로는 간절히 원하면서 한편으로는 애써 태연한 척하는 것이다. 그래서 자녀가 돈에 대해 관심을 보이는 것을 썩 달가워하지 않는다. '공부나 할 것이지……', '그건 엄마가 알아서 할 테니, 네 일이나 잘해라.' 등 돈 문제에 대해 진지하게 대화하려 하지 않는다. 또 돈 문제를 다루는 것이 학습에 방해되는 것처럼 생각하는 경향도 있다.

그러나 공부를 잘 하려면 스스로 공부에 대한 동기를 발견하는 것이 가장 좋은 방법이다. 자기 자신의 비전을 발견하게 되면 늘 희망으로 가득 차게 되고 열정을 쏟아 낼 수 있게 된다. 자기발견 즉, 주도성의 힘이다. 왜 공부를 해야 하는지 아는 아이들은 누가 뭐라 하지 않아도 스스로 알아서 공부 한다.

재정교육은 아이들이 미래를 계획하는데 좋은 동기가 될 수 있다. 돈만 많이 벌겠다는 것이 아니라 어떻게 세상을 유익하게 할 것인가에 초점을 맞춘다면 이보다 더 좋은 진로지도가 어디에 있을까? 학습동기를 만들어주는 것이 비싼 사교육 보다 더 좋은 효과가 있다.

5. 돈에 대한 올바른 가치관 형성이 중요하다

돈을 많이 모을 것인가? 돈을 가치 있는 곳에 쓸 것인가? 뭐가 더 소중한지를 판단하는 것은 각자의 가치관의 문제이다. 그래서 옳고 그름의 문제라고 보지는 않는다. 다만 돈은 인생의 목적은 아니고 수단이기 때문에 삶의 궁극적 목적인 행복을 위해 얼마나 잘 사용되는가가 중요할 것 같다.

돈에 대한 가치관은 돈과의 관계와 경험에서 형성된다. 그래서 돈을 쓰는 모습을 보면 그 사람을 알 수 있다고 하지 않는가?

돈에 대한 가치관은 처음 돈을 접할 때부터 형성된다. 그래서 근면함, 성실성, 참을성, 독립심, 책임감등 삶에 필요한 소중한 태도를 형성하는데 매우 중요한 영향을 미치게 된다.

누구에게 맡겨서 될 문제가 아니다. 당연히 부모의 몫인 것이다.

6. 재능과 기질을 발견할 수 있다

사람은 재능과 기질에 맞는 일에 시간과 노력을 쏟았을 때 더 좋은 결과를 얻을 수 있다. 그래서 많은 부모들은 자녀들의 재능을 발견하는데 돈을 쓴다. 아이가 뭘 잘 하는지 알기 위해 이것 저것 시켜보지만 무슨 재능이 있는지 확신하기가 어렵다.

쉬운 방법이 있다. 돈을 쓰는 것을 보면 그 사람의 성품과 기질을 알 수 있다. 어디에 관심이 있는지, 어떤 친구들과 무엇을 하는지, 어떤 감성을 가지고 있는지 알 수 있다.

아이들 각자에게는 그들의 길이 있다. 모두 같은 길을 걸었을 때 행복한 것이 아니라 자신의 길을 걸을 때 행복하다. 부모의 가장 중요한 역할은 자신의 길을 찾도록 도와주는 것이다.

7. 용돈교육 만한 경제교육 없다

학교의 커리큘럼에 의한 재정교육에는 한계가 있다. 일반적인 방법을 알려줄 수는 있어도 많은 아이들의 상황에 일일이 맞춤교육을 하기에는 어려움이 있다. 그리고 대부분 지속적이지 않으므로 태도를 형성하지 못한다.

일상 생활 속에서 매일 할 수 있는 방법이 용돈을 통한 교육이다. 처음에는 뭐부터 해야 할지 잘 모르고 이것 저것 시작해보지만 막상 마음 먹은 대로 잘 안될 수도 있다. 그러나 간단한 지침부터 하나 하나 실천한다면 못할 것도 없고 한 학기 내지 1년 정도면 익숙해질 것이다. 오히려 지나치게 욕심을 부려 중도에 포기하지 말라. 하루 아침에 눈에 띄게 변화된 모습을 보려 하지 말라. 이 경우에도 인내의 열매는 역시 달다.

8. 시행착오를 통해 배운다

돈을 빌려주고 못 받은 경험이 있는가? 물건을 잘 못 사서 후회한 적은 없는가? 아이들도 같은 경험을 하게 된다. 돈을 빌려주고 못 받은 경험, 잘 못 투자한 경험, 돈을 빌리고 이자를 부담한 경험, 용돈이 빨리 떨어져서 곤란했던 경험, 사지 않아도 될 물건을 샀거나 잘못된 물건을 구입한 경험 등 아이들은 다양한 경험을 하게 된다. 다행스러운 것은 아이들의 용돈 범위일 것이므로 적은 수험료로 소중한 경험을 살 수 있다는 것이다.

실패에서 배운다는 말이 있다. 재정에 관한 것도 마찬가지이다. 어렸을 때 경험을 하게 되면 사회생활에서 더 큰 실패를 줄일 수 있다.

9. 자녀와의 소통, 대화가 소중하다

자녀에게 갑자기 무슨 일이 벌어지면 그때서야 대화를 시도하는 부모들이 많다. 그러나 아이들은 마음의 문을 열지 않는다. '어디 한 번 말해봐. 엄마가 들어보자'해도 아이들은 '엄마가 내 마음을 어찌 알겠어요? 평소에는 관심도 없었잖아요!'라고 속으로만 대답한다.

'내가 너희들 뒷바라지를 위해 얼마나 고생하는 줄 알기나 하니?' 이렇게 말로 하면 역효과가 난다. '어떤 부모는 안 하나요?'하는 아이들도 있고 심하게 갈등하고 있으면 '누가 낳으랬어요?' 하는 아이들도 있다. 서로의 입장을 말로써가 아니라 생활 속에서 알게 하는 것이 재정교육이다.

용돈을 통한 재정교육은 부모와 자녀간에 정기적으로 대화 할 수 있는 기회를 마련할 수 있고 서로의 입장을 이해하는데 많은 도움이 될 것이다. 지나치게 간섭하려 하지 말고 자녀에 대해 이해하려고 노력하라. 가장 소중한 자녀를 잃거나 서로 상처를 받는 안타까운 일은 없을 것이다.

당신 자녀의 경제지수테스트 결과는 어떤가? '예'라는 답이 7개 이상이면 부모로부터 독립한 후 부자로 성장할 가능성이 매우 높다. 5개 이상이면 재정에 대한 기본 개념을 알고 있으며 부모의 좋은 본보기와 교육이 지속적으로 필요하다. 3개 이상이면 재정에 대한 개념이 약하므로 쉬운 것부터 가르쳐야 한다.

전 미국 연방준비제도이사회(FRB) 의장이었던 앨런 그린스펀은 '잘못된 의사결정을 막으려면 어릴 때부터 재정에 대한 교육을 해야 한다'고 말했다. 나도 자녀들에 대한 재정교육이 매우 중요하다고 생각한다. 제대로 교육을 받지 않아 생기는 문제가 참으로 많기 때문이기도 하고 돈 뿐만 아니라 다른 생활 습관을 형성하는데 많은 영향을 주기 때문이기도 하다. 과거와 달리 우리 아이들이 살아야 할 미래는 여러 가지 면에서 훨씬 각박하고 치열할 것으로 예상하고 있다. 그러므로 아이들의 장래를 위해서 재정교육은 필수적이라 주장하고 싶다.

:: 용돈을 통한 자녀 재정교육의 핵심내용

일상 생활에서 가장 쉽게 할 수 있으면서 효과적인 자녀 재정교육은 용돈을 통한 방법이다. 누구나 아이들에게 어떤 형태로든지 용돈을 줄 것이다. 이제부터는 체계적으로 해보자.

용돈을 통한 자녀 재정교육의 핵심내용은 다음 일곱 가지로 요약할 수 있다.

1. 선택과 책임의 습관

진정한 리더는 책임을 질 줄 아는 사람이다. 용돈을 통한 자녀 재정교육의 가장 중요한 것은 책임을 배우게 하는 것이다. 주도성은 자신이 선택한 것에 대해 책임을 지는 것이며 이는 자신의 삶을 스스로 책임질 수 있는 것이다.

반면 의존적인 사람은 책임감이 없다. 책임을 질 능력이 없기 때문에 그들에게는 권한도 부여되지 않는다. 당연히 리더가 될 수 없다. 그러므로 그들은 자신의 삶을 주도하지 못하고 다른 사람이나 환경에 따라 살 수 밖에 없다.

스스로 선택하고 책임지는 태도는 자립심과 책임감, 신중함, 성실성 등 살아가는데 필요한 성품을 개발하는데 매우 중요하다. 인생 자체가 선택의 연속이므로 자신이 선택하고 책임지는 습관을 키워주는 것은 그 무엇보다 가장 중요하다.

2. 고마운 용돈과 대견한 용돈

아이들의 수입원은 용돈이다. 부모님이나 친지로부터 받은 용돈도 있을 것이고 스스로 노력해서 받은 용돈도 있을 것이다. 전자를 '고마운 용돈'이라고 하고 후자를 '대견한 용돈'이라고 하자.

고마운 용돈에 대해서는 부모나 어른들이 자신을 위해 주는 것이니 감사하는 마음을 가져야 한다. 대견한 용돈에 대해서는 스스로 자부심을 가질 것이다. 자신이 노력한 대가이니 자랑스럽지 않겠는가?

3. 필요한 것과 원하는 것

아이들이 지출할 때는 반드시 '필요한 것'과 꼭 필요하지는 않지만 자신이 '원하는 것'을 구분하도록 해야 한다. 자신이 원하는 것에 지나치게 지출을 하면 꼭 필요한 것을 살 수 없다는 것을 알도록 하기 위해서이다.

사실 필요한 것과 원하는 것은 주관적인 것으로 상황에 따라 달라질 수 있는 것이다. 예를 들면 학교가 끝나고 집에 오는 길에 빵을 사먹었는데 점심을 못 먹었다면 꼭 필요한 것이다. 그러나 군것질이었다면 원하는 것이다. 군것질이라도 친구가 전에 사준 것에 보답하는 것이라면 필요한 것이 될 수 있다.

선택하도록 하는 훈련은 아이들에게 판단능력과 주도성을 키워줄 수 있는 좋은 교육이 아닐 수 없다.

4. 재무목표와 우선순위

꼭 필요한 물건이 여러 개인 경우도 있고, 돈이 부족하여 지금 당장 사지 못할 경우도 있다. 이때에는 언제까지 얼마를 저축하여 필요한 물건을 살 것인지 계획을 세우게 할 수 있고 무엇부터 살 것인지 우선순위를 정하게 할 수 있다. 주도적인 아이들이 자신의 미래를 계획할 수 있고 성실히 실천한다면 목표를 달성할 수 있는 것은 어른들과 마찬가지다. 그러므로 이런 과정을 통해서 계획성과 성실한 실천능력을 키워줄 수 있다.

5. 저축과 투자

미래의 더 큰 만족을 위해 지금의 소비를 억제 하는 것이 저축과 투자이다. 목표가 명확한 아이들은 현재의 욕구를 참을 수 있다. 아이들에게 있어 지금 만족을 억제하는 힘은 매우 중요하며 또 필요하다. 요즘 아이들의 편식과 인스턴트식품 선호는 자신이 좋아하는 음식만 먹어도 되는 풍요로움에서 비롯된 것이다. 그래서 요즘 아이들은 자신이 더 원하는 것을 위해 지금 참고 견디는 힘이 부족하다.

용돈을 통한 재정교육에서 저축하는 습관을 키워주는 것은 인내와 절제를 가르치는 것이다. 또 아이들의 경우 미래 구입을 위한 저축을 하는 도중에 욕구가 변하는 경우가 많으므로 참음으로써 돈을 아낄 수 있는 경험을 하게 하여 지혜로운 소비자로서의 훈련을 시킬 수 있다.

6. 예산과 결산

예산부터 세운 다음 저축을 포함한 지출을 하고 반드시 결산을 해야 한다. 예산과 결산은 현실감각과 조정능력, 미래 예측능력을 키워주고 계획한대로 실천하는 습관을 길러준다.

7. 용돈기록장

모든 과정은 기록되어야 하며, 그래야만 통제하고 조정할 수 있다. 용돈기록장은 단순히 돈을 관리하기 위한 도구가 아니다. 지금까지 설명한 재정교육의 효과를 최대화하기 위해 필수적으로 사용되어야 한다. 그러므로 예산과 결산, 그리고 느낌을 적는 내용이 꼭 포함되어야 한다.

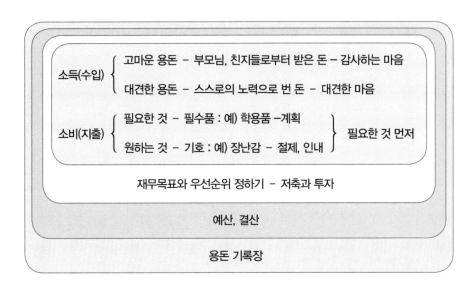

내는 〈벼리와 큰 돌〉에서 개발한 특허 받은 용돈기록장을 활용하고 있는데 지금부터 간단히 소개하고자 한다.

(용돈기록장 '내가 선택하고 내가 책임져요'는 〈벼리와 큰 돌〉에서 저작권 및 특허권(특허번호 제10-0595809)을 가지고 있습니다. www.funfunedu.kr)

일반적인 용돈기록장과 다른 가장 큰 특징은 수입과 지출을 구분하여 선택하게 한 것이다.

수입에 대해서는 '고마운 용돈'과 '대견한 용돈'을 구분하게 하고, 지출에 대해서는 '나에게 꼭 필요한 것'과 '내가 원하는 것'을 선택하도록 하였다.

그리고 한 주 동안의 수입과 지출을 결산하도록 하였다.

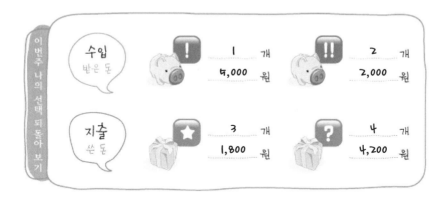

대인관계에서의 감정을 은행 통장처럼 예입하고 인출하는 은유적 표현을 통해 대인관계 능력을 키우도록 하였다.

날짜	내용	예입 ⊕	인출 ⊖
1/1	기쁜 마음으로 엄마를 도와드렸다.	⊕	
1/2	친구랑 게임을 하다가 싸웠다.		⊖

한 주를 되돌아 보며 생각과 느낌을 정리하도록 하였다.

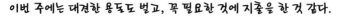

한 주를 되돌아 본 생각, 느낌

이번 주에는 대견한 용돈도 벌고, 꼭 필요한 것에 지출을 한 것 같다.

아빠의 구두를 닦으면서 내 기분도 좋았다.

친구랑 싸운 것은 내가 잘못했으니 먼저 사과해야 겠다.

✔ 경제리더가 되기 위한 실천 항목

절약으뜸 ● 　저축으뜸 ● ✔ 　나눔으뜸 ● ✔ 　선택으뜸 ● 　책임으뜸 ●

수입 중 대견한 용돈이 얼마나 차지하는지를 살펴봄으로써 자신의 노력에 대해 스스로 평가할 수 있도록 하였으며, 내가 원하는 것에 얼마나 지출했는지를 계산해 봄으로써 얼마나 절제하며 계획성 있게 생활했는지를 느끼도록 했다.

	고마운 용돈 개수	금액	대견한 용돈 개수	금액
첫째주	1	5,000원	2	2,000원
둘째주	1	5,000원	3	3,000원
셋째주	2	5,500원	0	0원
넷째주	2	6,000원	1	1,500원
다섯째주	1	5,000원	2	3,000원
합 계	7	26,500원	8	9,500원

★ 나에게 꼭 필요한 것			? 내가 원하는(갖고 싶은) 것	
	개수	금액	개수	금액
첫째주	4	4,200원	3	1,800원
둘째주	4	4,000원	2	3,000원
셋째주	5	6,000원	0	0원
넷째주	6	6,000원	2	2,400원
다섯째주	3	4,500원	1	2,000원
합계	22	24,700원	8	9,300원

⠿ 자녀 재정교육, 어른들의 재정관리와 다르지 않다

패러다임, 주도성, 계획성, 성실성 사이클을 그대로 적용하면 된다.

항상 올바른 패러다임을 갖도록 해야 한다. 많이 느끼고 생각하게 하라. 항상 방향이 먼저다. 그 다음에 속도다. 엉뚱한 방향으로 빨리 달린다면 목적지로부터 멀어지기밖에 더하겠는가?

스스로 주인이 되도록 하라. 스스로 선택하고 책임을 지는 것이 주도성이다. 주도적인 아이만이 목표와 계획을 세울 수 있고 성실한 실천으로 목표를 달성할 수 있다.

부모가 먼저 모범을 보이고, 설명하여 이해시킨 다음, 실천하게 하라.

1. 부모부터 모범을 보여라

자녀는 부모의 거울이다. 자녀가 하고 있는 모습이 곧 내가 하고 있는 모습이라고 보면 맞다. 그래서 문제 있는 부모가 문제 있는 아이를 만든다. 아이는 20년 이상 부모 곁에서 보고 배운다. 부모는 자녀에게 삶의 모습을 유산으로 남긴다. 좋은 유산을 남기고 싶지 않은가? 부자 마인드와 부자 습관을 남겨주려거든 먼저 실천하라.

엄마부터 가계부 써라. 예산을 세우고 결산을 하라. 재무목표와 우선순위를 정하고 목표달성을 위한 저축과 투자를 하라.

쇼핑할 때는 구매목록을 메모해서 불필요한 물건을 사지 않도록 하라. 필요한 물건이 있으면 계획을 세우고 돈을 모아서 구매하라.

2. 어느 정도의 용돈이 적당할까?

용돈 사용기간과 범위에 따라 다를 것이다.

처음에는 1주일 단위에서 시작하여 점진적으로 기간을 늘려라. 한달 단위로 주는 것이 보통인데 훈련이 잘 된 경우에는 1년에 필요한 용돈을 주는 부모도 있다.

사용범위도 처음에는 교통비, 학용품과 생활비, 그리고 조금의 여윳돈,

30%쯤 저축할 수 있는 정도에서 시작하라. 아이가 적응하는 것을 보면서 점진적으로 범위를 넓혀라. 교재구입비, 의류나 신발, 이미용비, 생필품 구입비, 학원비 등으로 넓혀나가라.

자신감을 잃지 않도록 배려하라. 아이들은 시행착오를 겪는다. 당연하게 받아들이고 용기를 주어라. 다음에 실수를 반복하지 않도록 격려하라. 이것이 자녀 재정교육의 목적이다.

자녀와 함께 필요비용을 계산해보라. 자녀의 의견을 충분히 반영하되 지나친 부분만 조율하라. 그리고 용돈 계약서를 작성하라.

필요한 것은 정액으로 주는 것을 기본으로 하고 원하는 것에 대해서는 스스로의 노력에 대한 인센티브를 통해 보충하도록 유도하라. 필요한 모든 용돈을 부모에게 의존하도록 해서는 안 된다. 스스로 노력에 의해 해결할 부분을 남겨두어라.

3. 모자라는 용돈은 어떻게 하나?

원칙적으로 모자라는 용돈을 보충해주지 말라. 스스로 벌어서 해결하도록 하거나 부모에게 정당한 대가(이자)를 지불하기로 하고 빌리도록 하라. 빚을 지면 가처분 소득이 줄어든다는 것을 배우게 될 것이다.

4. 저축과 기부 습관을 길러주어라

용돈 중 일부는 저축하게 하라. 용돈 총액에서 1/3은 저축하고, 1/3은 어려운 이웃을 위해 쓸 수 있도록 용돈 계약을 해 보라. 대신 용돈 금액에 여유를 두어야 한다. 목적은 훈련이다. 너무 타이트하게 하면 지레 포기하거나 마지못해 하게 되어 동기를 약하게 하거나 역효과가 날 수도 있다.

5. 기록하게 하라

반드시 예산을 세우고 결산을 하도록 하라. 주기에 따라 결산 모임을 가져라. 결산 모임은 교육 효과에 가장 큰 영향을 준다. 자녀와 대화를 통해 잘 하고 있는 것에 대해서는 칭찬을 아끼지 말라. 그리고 개선해야 할 것이 있으면 서두르지 말고 하나씩 고칠 수 있도록 지도하라.

:: 과욕은 금물, 지속적으로 하라

1. 서두르지 말고 지속하라

너무 성급하게 좋은 결과를 기대하지 말라. 하루 아침에 되지 않는다. 지속하는 것이 더 중요하다. 하다 말기를 반복하면 오히려 나쁜 습관만 생기게 된다. 아이들이 재정적으로 독립하기 전까지 여유롭게 하라. 대를 이어 한다고 생각하고 하라. 자식들이 자라 부모가 되면 똑같이 할 것 아닌가?

2. 대화시간을 많이 가져라

가정의 형편을 숨기지 마라. 어려운 것도 함께 공유하도록 하라. 그래야 아이들이 부모를 이해 할 수 있다.

용돈을 빌미로 부모의 생각을 자녀들의 삶에 투영시키려 하지 말라. 아이들의 삶의 각본을 대신 써 주려 하지 말라. 본인들의 몫이다.

상벌에 대해서는 충분히 합의한 후 실시하라. 목표 달성 여부도 중요하다. 그러나 경험하고 배우는 것이 더 중요하다. 서로 책임을 전가하거나 조건부 인생을 만들려고 하는 것이 절대 아니다.

3. 실패를 걱정하지 말라. 실패에서 배운다.

꼭 성공에서만 배우는 것은 아니다. 오히려 실패에서 더 많이 배울 수 있다. 그러므로 실패를 두려워 말라. 잘 안될까 걱정하다가 지나친 간섭으로 바뀔 가능성이 크다. 부모가 개입하면 온전히 본인 것이 되지 못한다.

자녀가 적은 요즘에 부모의 과도한 지원이나 간섭이 아이의 자립심을 떨어뜨리고 의존적인 존재로 만드는 경우가 많다. 그래서 결혼을 하고도 부모의 둥지를 떠나지 못하는 자녀들이 많다.

그렇다고 너무 무관심해서도 안 된다. 아이에게 맡기되 늘 관심을 가지고 격려하라.

4. 당연히 해야 할 일에 인센티브는 금물

아이들은 당연히 해야 하는 일을 조건으로 용돈을 요구하는 일이 많다. 그럴 때는 다른 가족이 해야 할 일을 돕는 경우에만 인센티브 용돈을 받을 수 있다는 것을 정확하게 이해시켜라. 이런 경우를 통해서는 누군가에게 도움을 주었을 때 대가를 받을 수 있다는 돈 버는 원리를 배울 수 있다. 자신이 땀 흘려 노력한 대가를 아는 아이들이 남의 땀의 가치를 이해할 수 있다. 부모님의 고마움에 대해서도 마찬가지다.

자신이 해야 할 일을 했을 경우에는 칭찬을 아끼지 말라.

부모가 먼저 조건부 용돈을 제안하는 어리석음을 범하는 경우가 많다. 용돈 주는 것을 통해 부모의 의도를 반영하려는 것은 아이의 주도성을 키워주지 못한다는 것을 명심하여야 한다.

5. 아이의 잘못된 재정습관 부모가 키운다

아이들은 부모를 통해 좋은 습관도 나쁜 습관도 배운다. 그러니 부모가 모범을 보이는 것은 매우 중요하다. 평범한 사람이 대를 이어 부자 될 수 있는 것은 온 가족이 부자 마인드와 부자 습관을 키움으로써 얼마든지 가능하다. 특별한 행운이 찾아오지 않아도, 기발한 기술이 없어도 순리에 따라 행복하게 사는 것으로도 충분히 가능하다.

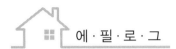

참 나의 발견

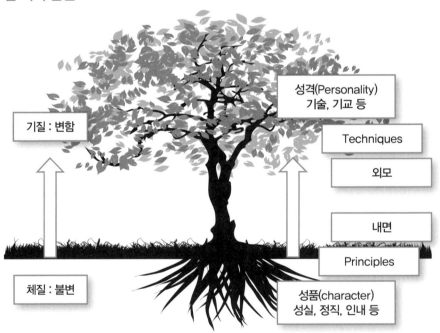

기질 : 변함

성격(Personality)
기술, 기교 등

Techniques

외모

내면

Principles

체질 : 불변

성품(character)
성실, 정직, 인내 등

도대체 나는 누구일까? 나라는 존재는 이 세상의 어떤 자리에서 어떻게 빛나야 할까? 자신의 고귀한 존재감을 찾아 자기다움을 실현하는 과정이 행복하고 신나는 삶이다. 모두 빨간색으로 빛날 수 없고 그래서는 세상이 아름답지 않다. 각자가 자신의 색으로 빛나 조화를 이룰 때 세상은 아름다워진다.

내가 타고난 것을 '체질'이라 한다면 '기질'은 '적응한 나, 내가 원하는 나'라고 이해하면 쉬울 것 같다. 내가 원하는 나는 본질적인 나는 아니다. 가면을 쓰고 있는 나이다. 그 가면이 지금 당장 살아가는데 유용할 수 있다. 그러나 참 행복은 가면을 벗고 자신의 삶을 살 때 가능하다. 사과나무 뿌리에서 사과가 열리는 것이 이치에 맞다. 뿌리가 사과나무인데 감이 열리기를 바라는 삶은 행복할 수는 없다.

깊은 내면의 올바른 성품으로부터 그것이 다양한 형태로 표출되는 것이 삶의 과정이다. 재정관리에서도 마찬가지다. 자신의 삶을 찾고 그에 맞게 올바른 성품을 발현해가는 과정에서 재정과 관련한 태도와 의사결정, 그리고 성실한 실천이 자신의 삶을 아름답게 꽃 피우고 고귀한 열매를 맺게 할 것이다. 재정관리의 목적은 결코 더 많은 돈을 모으는 것이 아니다. 더 행복하고 풍요로운 삶을 사는 것이다.

돈 버는 기술, 돈 굴리는 기술, 절세 기술 등 부자가 되는 기술을 알려주겠다는 재테크 서적이 당신을 부자로 만들어 주는 것은 결코 쉬운 일이 아니다. 그것은 그 책을 쓴 사람에게 맞는 방법이고 그 사람의 삶이다. 부자들은 그런 책을 사지도 읽지도 않는다. 자신에게 맞지 않기 때문이다.

자신의 삶의 주인이 된다는 것은 자신의 삶을 발견하는 것이다. 내면으로부터의 강한 힘은 자기의 삶을 살 때 발현된다.

사명서와 유언장

자신의 삶의 지침을 정하라. 그것이 사명서처럼 '나는 어떻게 살 것이다.'의 형태여도 괜찮고, 유언장처럼 '나는 어떻게 살았다.'의 형태여도 괜찮다. 어쨌든 그렇게 살 것이기 때문이다. 모두 잘 살기 위해서 쓰는 것이다.

정말 내가 기록한 사명서 대로 살았을 때의 모습을 상상해보라. 의미 있고 가치 있는 모습인가? 정말 살고 싶은 모습인가?

정말 내가 생을 다하고 죽는다고 생각해보라. 유언장에 쓴 대로 살았는가? 의미 있고 가치 있는 삶을 살았는가? 정말 멋진 인생이었는가?

당신의 인생의 각본은 당신 스스로 써라. 당신의 인생은 당신이 쓴 각본대로, 연출한대로, 연기한대로 될 것이다. 만일 당신 스스로 쓰지 않는다면 다른 사람이 쓴 각본에 따라 살아갈 수 밖에 없다.

한편의 명작을 만들어 보라. 어떤 각본을 쓸 것인가?

4가지 측면의 균형

단지 기본적인 욕구수준을 해결하는 재정관리에서 벗어나라. 삶을 구성하는 네 가지 욕구의 균형을 추구하라. 살며(신체적, 재정적 욕구) 사랑하고(사회적, 감정적 욕구) 배우고(지적, 정신적 욕구) 유산(영적 욕구)을 남기는 균형된 삶을 살아라.

'영원히 살 것처럼 계획하고 하루를 살 것처럼 실천하라'는 말이 있다. 계획은 장기적인 관점에서 꼼꼼하게 하고, 하루 하루 치열하게 실천하라는 말일 것이다. 하루를 살 것처럼 급하게 대충 계획하고 영원히 살 것처럼 느슨하게 실천하지 말라.

부자 마인드와 부자 습관

사무엘 스마일스는 '우리가 생각의 씨앗을 뿌리면 행동의 열매를 얻게 되고, 행동의 씨앗을 뿌리면 습관의 열매를 얻는다. 습관의 씨앗은 성품을 얻게 하고 성품은 우리의 운명을 결정 짓는다.'고 했다.

과거에 '부자3대 못'간다'라는 말이 있다. 미처 돈에 대한 올바른 가치관이 형성되지 않은데다가, 돈을 관리할 수 있는 능력이 없는 후손들에게 많은 재산을 물려준들 오래가지 못한다는 말일 것이다. 삶의 패턴에서 벗어나 갑작스럽게 생긴 돈은 오히려 큰 부담이고 짐이다. 지금까지의 익숙한 생활패턴과 다른 삶을 산다는 것은 결코 쉬운 일이 아니기 때문이다. 복권 당첨자나 졸지에 부자가 된 사람들이 오래 가지 않아 불행해지는 경우가 많다고 하지 않은가? 그것은 돈과의 관계, 돈에 대한 가치관, 돈을 관리하는 지식과 기술, 돈을 다루는 습관 등이 형성되지 않았기 때문이다. 자신의 삶의 궤도에서 벗어난 생활이 잠시 황홀할 수는 있겠지만 감당할 수 없다면 재산만큼의 무게로 삶을 짓누르게 될 것이다.

요즘의 부자들은 어떤가? 그냥 재산을 덜컥 물려주는 부자는 없다. 철저하게 부자 마인드를 심어주고 부자 습관을 길러준다. 사실 그것이 진정한 유산이다. 그는 더 이상 돈을 물려주지 않아도 부자가 될 것이기 때문이다. 그래서 선진국의 갑부들은 재산 자체를 물려주지 않는다. 아니 물려줄 필요가 없다.

영화배우이자 감독인 성룡은 '자식이 능력이 있다면 재산을 물려줄 필요가 없고, 능력이 없다면 재산을 물려주어서는 안 된다'고 했다고 한다.

나는 부자도 아닌데 상관없는 이야기라고 생각하는가? 다시 한 번 생각해 보라. 부자는 부자마인드와 부자 습관에서 비롯된다는 것을. 당신이 돈에 대한 올바른 가치관과 돈과의 관계를 형성하고 올바른 재정관리 습관을 키워간다면 머지 않아 부자가 될 것이 확실하지 않은가? 게다가 자녀들과 함께 한다면 최소한 당신 세대에서는 아니더라도 당신의 자녀들은 부자로 살 것이다.

재정관리 절차와 지침

잘못된 지도를 가지고 부지런을 떨면 목적지로부터 더 멀어지게 된다는 것을 다시 한 번 강조하고 싶다. 재정관리에 있어서도 원칙중심의 패러다임과 지침이 중요하다. 먼저 돈에 대한 올바른 가치관과 관계를 형성하도록 노력하라.

그리고 자신의 삶의 주인이 되어야 한다. 주인이 된다는 것은 자신을 발견하는 것이다. 그 다음에는 자신의 삶에 맞는 계획을 세워라. 그리고 성실하게 실천하라.

돈의 노예가 되지 않고 자유로워 지려면 속박의 고리를 하나씩 단절하고 주도성의 근육을 키워야 한다. 주도성을 방해하는 요소들부터 제거하고 올바른 지침에 따라 하나씩 단계를 밟아 해결해 나가라.

당신이 온전히 당신 삶의 주인이 되었다면 세상을 유익하게 할 사명을 찾아라. 그 사명은 당신의 에너지가 될 것이다. 의미와 가치가 될 것이다. 차고 넘쳐 세상을 적시는 마르지 않는 샘물이 될 것이다.

성실하게 지속적으로 실천하라. 하루 아침에 이루어진 것 치고 가치 있는 것이 없다. 자녀와 함께 하라. 강요하거나 투영하라는 말이 아니다. 밑거름이 되라는 말이다. 억지로 키우는 화학비료가 아니라 제 빛깔을 내게 하는 자연의 비료가 되라는 말이다.

재정관리 절차와 지침을 따르면 돈으로부터 자유롭고, 보람되고 가치 있는 삶을 당신과 후손들이 대를 이어 누릴 수 있을 것이다.

올바른
패러다임

자녀교육 삶의 주인

성실한 비전과
실행 계획

꿈의 디드로 딜레마에 빠져보자

당대의 지성인 볼테르, 루소 등에게 경제적 도움을 받으며 살았던 디드로
는 한 친구로부터 아름다운 진홍색 침실 가운을 선물 받고 그 때까지 입었던
낡은 가운은 버린다. 하지만 새 옷을 입고 서재에 앉자 자신의 책상이 그렇게
초라해 보일 수가 없다. 그는 책상을 바꾸기로 결심한다. 새 책상이 들어오자
이번엔 책상에 어울리지 않는 책꽂이가 눈에 거슬리는 게 아닌가. 새 책꽂이,
그 다음엔 의자... 결국 서재는 전혀 다른 모습으로 바뀌고 말았다. 그런데도,
기쁘지 않았다.

디드로 딜레마는 소비가 또 다른 소비를 부르는, 욕망의 추구가 만족 대신
또 다른 욕망을 낳는 이율배반적인 상황을 말한다. 18세기 프랑스의 대표적

철학자 드니 디드로 (Denis Diderot 1713~1784)의 일화에서 비롯된 말이다.

　나에게 주어진 시간은 내가 바라는 가슴 설레는 삶으로 바꿀 수 있는 소중한 자원이다. 시간을 어떻게 쓰고 관리하느냐에 따라 삶의 모습이 바뀌게 된다. 돈을 버는 것도 어떤 일을 하는데 시간을 쓰느냐에 따라 달라진다. 자신이 하고 싶은 의미 있는 일에 시간과 노력을 투자하자. 자발성에서 경쟁력이 나오며 경쟁력이 있을 때 안정적이면서도 상대적으로 큰 보상도 확보된다. 인생 100세 시대를 사는 지금 하고 싶은 일을 하며 살 수 있고 재정적으로 자유롭다면 행복하고 의미 있는 삶을 살 수 있지 않을까. 시간과 돈을 헛되이 하지 않고 정당한 가치를 부여 했을 때 진정한 부와 행복을 찾을 수 있다.

　행복은 인생의 목표를 향해 나아가는 과정에서 찾을 수 있는 것이다. 현재 갖고 있는 것이 아니라 앞으로 가질 수 있는 것이 희망이고 기쁨이며 발전이고 행복이라 생각하자. 사랑하는 가족과 이웃이 있고 건강이 있고 미래의 꿈이 있다면, 하루를 시작할 때 감사하며 설렘으로 맞이하자. 눈앞의 만족이나 어려움에 허덕이지 말고 멀리 바라보며 꿈의 허기를 느끼며 살아보자.

이상한 가계부

'이상한 가계부'는 한국리더십센터 전주교육원에 의해 상표 출원되어
무단으로 사용할 수 없습니다. 출원번호 : 40-2005-0040236

재정을 관리하는 목적은 맹목적으로 많은 재산을 모으기 위한 것이 아닙니다. 당신의 가치를 실현하기 위함입니다. 이상한 가계부는 당신의 삶에서 가장 소중한 것들을 실현하도록 돕기 위한 재정관리 도구입니다.

1. 인생목표

당신이 가장 가치 있게 생각하는 것은 무엇입니까?

핵심가치	이　유

어떤 사람으로 기억되고 싶습니까?

이름	나와의 관계	이런 사람으로 기억되고 싶다
	나	
	부모	
	배우자	
	자녀	
	가족	
	친구, 지인	
	팀과 조직	
	지역사회	
	고객	
	인류	

이
상
한

가
계
부

버킷 리스트

당신이 하고 싶은 것, 되고 싶은 것, 갖고 싶은 것은 무엇입니까?

		리스트	이 유	실행계획 및 진행상황
하고 싶은 것	1.			
	2.			
	3.			
	4.			
	5.			
되고 싶은 것	1.			
	2.			
	3.			
	4.			
	5.			
갖고 싶은 것	1.			
	2.			
	3.			
	4.			
	5.			

이
상
한
가
계
부

사명서

당신의 삶을 가장 풍요롭게 할 지침을 만들어 보세요.

2. 재무 목표

기간	할 일	우선순위	필요금액	준비정도
1년 이내				
1~3년				
3~7년				
7년 이후				

이 상 한 가 계 부

3. 재정 상황

가. 재무상태표

　재무상태표는 현재 가정의 자산, 부채, 순자산을 알아보기 위하여 작성하는 것입니다. 재무상태표 작성을 통하여 가정의 정확한 자산규모와 자산배분 현황을 파악하여 현재 자산의 기대수익률 및 미래 가정의 재정상태를 예측할 수 있습니다.

자산		부채/순자산	
항목	금액	항목	금액
유동자산		**단기부채**	
보통예금		마이너스통장	
CMA/MMF		카드론	
기타 유동자산		기타 단기대출	
채권형자산		**중장기부채**	
예금/적금		신용대출	
채권(국공채/회사채)		담보대출	
채권펀드		모기지대출	
기타 채권형자산		사업자대출	
주식형자산		**임대보증금**	
개별주식(직접투자)		개인채무	
주식형펀드		기타 장기채무	
기타 주식형			
파생형 자산			
파생상품		**총부채 합계**	
기타 파생상품		**순자산 합계**	
연금자산		**(총자산합계**	
공적연금		**– 총부채합계)**	
개인연금			
퇴직연금(퇴직금)			
기타 금융자산			
부동산자산			
주택			
토지			
건물			
기타자산 (자동차/보석)			
총자산 합계		**부채/순자산 합계**	

나. 수입 및 저축 예산안 작성

지금까지의 수입 및 지출을 파악하여 향후 수입 및 저축에 대한 예산을 세우기 위함입니다. 기록이 없다면 지금부터 3개월간 작성해보세요. 수입 및 저축에 대한 예산안은 지출에 대한 예산안을 작성하는데 활용하게 됩니다.

1) 수입 예산안

(단위 : 만원)

구분	( )월	( )월	( )월	월평균	예산안
본인소득					
배우자소득					
임대소득					
이자, 배당소득					
연금, 기타소득					
총 수입					

2) 저축 및 투자 예산안

(단위 : 만원)

구 분		( )월	( )월	( )월	월 평균	예산안
정기적 투자	채권형					
	주식형					
	파생상품형					
	기타					
정기적 투자 소계						
비정기적 투자	채권형					
	주식형					
	파생상품형					
	기타					
비정기적 투자 소계						
투자 총합계						

메모

3) 지출 예산안

수입 예산안을 기초로 지출에 대한 예산안을 작성하고, 이를 통하여 지출에 대한 통제와 조절을 할 수 있습니다. 역시 자료가 없으면 지금부터 3개월간 작성해보세요.

가) 고정지출 예산안

(단위 : 천원)

구 분		( )월	( )월	( )월	월 평균	예산안
부채 상환	단기부채상환					
	장기부채상환					
	기타 부채상환					
부채상환비용 소계						
주거 관련 지출	임차료(월세 등)					
	주택관리비					
	주거관련비용					
	통신비(TV,인터넷)					
주거관련지출 소계						
자녀 관련 지출	교육비					
	자녀양육비					
	기타					
자녀관련지출 소계						
보험료	보장성보험료					
	기타보험료					
보험료 소계						
기타 고정지출						
고정지출 계						

메모

나) 변동지출 예산안

(단위 : 천원)

구 분		( )월	( )월	( )월	월 평균	예산안
가족 생활 지출	식품비					
	외식비					
	의복비					
	전화통신비					
	차량유지비					
	대중교통비					
	여가활동비					
	자녀양육비					
	부모님 용돈					
	부모님 용돈					
	기타					
가족생활지출 소계						
사회 생활 지출	식비					
	용돈					
	회식 모임					
	경조사비					
	기타					
사회생활지출 소계						
기타변동지출						
변동지출 계						

고정 및 변동지출 합계	( )월	( )월	( )월	월 평균	예산안

메모

다) 분기, 반기, 연단위 및 이벤트성 지출 예산안

(단위 : 천원)

구　분	3년전	2년전	1년전	연 평균	예산안
재산세					
주민세					
자동차세					
자동차보험료					
설명절비용					
추석명절비용					
휴가비용					
기타 이벤트 비용					
합계					

메모

4. 가계부

수입 및 저축, 지출 예산안을 작성한 경우에는 실제 예산안에 맞게 소비하는지 체크하라. 만일 예산을 세울 자료가 없다면 지금부터 가계부 작성을 통해 각 항목별 지출 규모를 파악해보라.

1차월 (년   월)

1) 수입

(단위 : 원)

구분	세 전 수입	제세 공과금	세 후 수입
본인소득			
배우자소득			
임대소득			
이자, 배당소득			
연금, 기타소득			
수입 합계			

2) 저축 및 투자

(단위 : 원)

구 분		투자금액	예산	차액
정기적 투자	채권형			
	주식형			
	파생상품형			
	기타			
정기적 투자 소계				
비정기적 투자	채권형			
	주식형			
	파생상품형			
	기타			
비정기적 투자 소계				
투자 합계				

3) 고정지출

구 분		지출금액	예산	차액
부채상환	단기부채상환			
	장기부채상환			
	기타 부채상환			
부채상환비용 소계				
주거관련 지출	임차료(월세 등)			
	주택관리비			
	주거관련비용			
	통신비(TV,인터넷)			
주거관련지출 소계				
자녀관련 지출	교육비			
	자녀양육비			
	기타			
자녀관련지출 소계				
보험료	보장성보험료			
	기타보험료			
보험료 소계				
기타 고정지출				
고정지출 계				

메모

4) 변동지출

(단위 : 원)

구 분		1주차	2주차	3주차	4주차	5주차	월 합계	예산안	차액
가족 생활 지출	식품비								
	외식비								
	의복비								
	전화통신비								
	차량유지비								
	대중교통비								
	여가활동비								
	자녀양육비								
	부모님 용돈								
	자녀 용돈								
	기타								
가족생활지출 소계									
사회 생활 지출	식비								
	용돈								
	회식 모임								
	경조사비								
	기타								
사회생활지출 소계									
기타변동지출									
변동지출 계									

메모

이
상
한
가
계
부

1주차 (일 ~   일)

구 분		월( )	화( )	수( )	목( )	금( )	토( )	일( )	주 계
가족 생활 지출	식품비								
	외식비								
	의복비								
	전화통신비								
	차량유지비								
	대중교통비								
	여가활동비								
	자녀양육비								
	부모님 용돈								
	자녀 용돈								
	기타								
가족생활지출 소계									
사회 생활 지출	식비								
	용돈								
	회식 모임								
	경조사비								
	기타								
사회생활지출 소계									
기타변동지출									
변동지출 계									

메모

2주차 (일 ~   일)

(단위 : 원)

구 분		월( )	화( )	수( )	목( )	금( )	토( )	일( )	주 계
가족 생활 지출	식품비								
	외식비								
	의복비								
	전화통신비								
	차량유지비								
	대중교통비								
	여가활동비								
	자녀양육비								
	부모님 용돈								
	자녀 용돈								
	기타								
가족생활지출 소계									
사회 생활 지출	식비								
	용돈								
	회식 모임								
	경조사비								
	기타								
사회생활지출 소계									
기타변동지출									
변동지출 계									

메모

3주차 (일 ~   일)

구 분		월( )	화( )	수( )	목( )	금( )	토( )	일( )	주 계
가족 생활 지출	식품비								
	외식비								
	의복비								
	전화통신비								
	차량유지비								
	대중교통비								
	여가활동비								
	자녀양육비								
	부모님 용돈								
	자녀 용돈								
	기타								
가족생활지출 소계									
사회 생활 지출	식비								
	용돈								
	회식 모임								
	경조사비								
	기타								
사회생활지출 소계									
기타변동지출									
변동지출 계									

메모

이
상
한

가
계
부

4주차 (일 ~   일)

(단위 : 원)

구 분		월( )	화( )	수( )	목( )	금( )	토( )	일( )	주 계
가족 생활 지출	식품비								
	외식비								
	의복비								
	전화통신비								
	차량유지비								
	대중교통비								
	여가활동비								
	자녀양육비								
	부모님 용돈								
	자녀 용돈								
	기타								
가족생활지출 소계									
사회 생활 지출	식비								
	용돈								
	회식 모임								
	경조사비								
	기타								
사회생활지출 소계									
기타변동지출									
변동지출 계									

메모

이상한 가계부

5주차 (　일 ~ 　일)

(단위 : 원)

구 분		월( )	화( )	수( )	목( )	금( )	토( )	일( )	주 계
가족 생활 지출	식품비								
	외식비								
	의복비								
	전화통신비								
	차량유지비								
	대중교통비								
	여가활동비								
	자녀양육비								
	부모님 용돈								
	자녀 용돈								
	기타								
가족생활지출 소계									
사회 생활 지출	식비								
	용돈								
	회식 모임								
	경조사비								
	기타								
사회생활지출 소계									
기타변동지출									
변동지출 계									

메모

5) 이벤트성 지출

(단위 : 천원)

구 분	지출 금액	연간 예산	차액	비고
재산세				
주민세				
자동차세				
자동차보험료				
설명절비용				
추석명절비용				
휴가비용				
기타 이벤트 비용				
합계				

메모

2차월 (년   월)

1) 수입

(단위 : 원)

구분	세 전 수입	제세 공과금	세 후 수입
본인소득			
배우자소득			
임대소득			
이자, 배당소득			
연금, 기타소득			
수입 합계			

메모

2) 저축 및 투자

(단위 : 원)

구 분		투자금액	예산	차액
정기적 투자	채권형			
	주식형			
	파생상품형			
	기타			
정기적 투자 소계				
비정기적 투자	채권형			
	주식형			
	파생상품형			
	기타			
비정기적 투자 소계				
투자 합계				

메모

3) 고정지출

(단위 : 원)

구 분		지출금액	예산	차액
부채상환	단기부채상환			
	장기부채상환			
	기타 부채상환			
부채상환비용 소계				
주거관련 지출	임차료(월세 등)			
	주택관리비			
	주거관련비용			
	통신비(TV,인터넷)			
주거관련지출 소계				
자녀관련 지출	교육비			
	자녀양육비			
	기타			
자녀관련지출 소계				
보험료	보장성보험료			
	기타보험료			
보험료 소계				
기타 고정지출				
고정지출 계				

메모

4) 변동지출

(단위 : 원)

구 분		1주차	2주차	3주차	4주차	5주차	월 합계	예산안	차액
가족 생활 지출	식품비								
	외식비								
	의복비								
	전화통신비								
	차량유지비								
	대중교통비								
	여가활동비								
	자녀양육비								
	부모님 용돈								
	자녀 용돈								
	기타								
가족생활지출 소계									
사회 생활 지출	식비								
	용돈								
	회식 모임								
	경조사비								
	기타								
사회생활지출 소계									
기타변동지출									
변동지출 계									

메모

1주차 (일 ~   일)

구 분		월( )	화( )	수( )	목( )	금( )	토( )	일( )	주 계
가족 생활 지출	식품비								
	외식비								
	의복비								
	전화통신비								
	차량유지비								
	대중교통비								
	여가활동비								
	자녀양육비								
	부모님 용돈								
	자녀 용돈								
	기타								
가족생활지출 소계									
사회 생활 지출	식비								
	용돈								
	회식 모임								
	경조사비								
	기타								
사회생활지출 소계									
기타변동지출									
변동지출 계									

메모

2주차 (일 ~   일)

구 분		월( )	화( )	수( )	목( )	금( )	토( )	일( )	주 계
가족 생활 지출	식품비								
	외식비								
	의복비								
	전화통신비								
	차량유지비								
	대중교통비								
	여가활동비								
	자녀양육비								
	부모님 용돈								
	자녀 용돈								
	기타								
가족생활지출 소계									
사회 생활 지출	식비								
	용돈								
	회식 모임								
	경조사비								
	기타								
사회생활지출 소계									
기타변동지출									
변동지출 계									

메모

3주차 (일 ~   일)

구 분		월( )	화( )	수( )	목( )	금( )	토( )	일( )	주 계
가족 생활 지출	식품비								
	외식비								
	의복비								
	전화통신비								
	차량유지비								
	대중교통비								
	여가활동비								
	자녀양육비								
	부모님 용돈								
	자녀 용돈								
	기타								
가족생활지출 소계									
사회 생활 지출	식비								
	용돈								
	회식 모임								
	경조사비								
	기타								
사회생활지출 소계									
기타변동지출									
변동지출 계									

메모

4주차 (　　일 ～　　일)

(단위 : 원)

구 분		월( )	화( )	수( )	목( )	금( )	토( )	일( )	주 계
가족 생활 지출	식품비								
	외식비								
	의복비								
	전화통신비								
	차량유지비								
	대중교통비								
	여가활동비								
	자녀양육비								
	부모님 용돈								
	자녀 용돈								
	기타								
가족생활지출 소계									
사회 생활 지출	식비								
	용돈								
	회식 모임								
	경조사비								
	기타								
사회생활지출 소계									
기타변동지출									
변동지출 계									

메모

5주차 (일 ~   일)

구 분		월( )	화( )	수( )	목( )	금( )	토( )	일( )	주 계
가족 생활 지출	식품비								
	외식비								
	의복비								
	전화통신비								
	차량유지비								
	대중교통비								
	여가활동비								
	자녀양육비								
	부모님 용돈								
	자녀 용돈								
	기타								
가족생활지출 소계									
사회 생활 지출	식비								
	용돈								
	회식 모임								
	경조사비								
	기타								
사회생활지출 소계									
기타변동지출									
변동지출 계									

메모

이벤트성 지출

(단위 : 천원)

구 분	지출 금액	연간 예산	차액	비고
재산세				
주민세				
자동차세				
자동차보험료				
설명절비용				
추석명절비용				
휴가비용				
기타 이벤트 비용				
합계				

메모

이상한 가계부

3차월 (년   월)

1) 수입

(단위 : 원)

구분	세 전 수입	제세 공과금	세 후 수입
본인소득			
배우자소득			
임대소득			
이자, 배당소득			
연금, 기타소득			
수입 합계			

메모

2) 저축 및 투자

(단위 : 원)

구 분		투자금액	예산	차액
정기적 투자	채권형			
	주식형			
	파생상품형			
	기타			
정기적 투자 소계				
비정기적 투자	채권형			
	주식형			
	파생상품형			
	기타			
비정기적 투자 소계				
투자 합계				

이
상
한
가
계
부

메모

3) 고정지출

(단위 : 원)

구 분		지출금액	예산	차액
부채상환	단기부채상환			
	장기부채상환			
	기타 부채상환			
부채상환비용 소계				
주거관련 지출	임차료(월세 등)			
	주택관리비			
	주거관련비용			
	통신비(TV,인터넷)			
주거관련지출 소계				
자녀관련 지출	교육비			
	자녀양육비			
	기타			
자녀관련지출 소계				
보험료	보장성보험료			
	기타보험료			
보험료 소계				
기타 고정지출				
고정지출 계				

메모

4) 변동지출

(단위 : 원)

구 분		1주차	2주차	3주차	4주차	5주차	월합계	예산안	차액
가족생활지출	식품비								
	외식비								
	의복비								
	전화통신비								
	차량유지비								
	대중교통비								
	여가활동비								
	자녀양육비								
	부모님 용돈								
	자녀 용돈								
	기타								
가족생활지출 소계									
사회생활지출	식비								
	용돈								
	회식 모임								
	경조사비								
	기타								
사회생활지출 소계									
기타변동지출									
변동지출 계									

메모

1주차 (일 ~   일)

구 분		월( )	화( )	수( )	목( )	금( )	토( )	일( )	주 계
가족 생활 지출	식품비								
	외식비								
	의복비								
	전화통신비								
	차량유지비								
	대중교통비								
	여가활동비								
	자녀양육비								
	부모님 용돈								
	자녀 용돈								
	기타								
가족생활지출 소계									
사회 생활 지출	식비								
	용돈								
	회식 모임								
	경조사비								
	기타								
사회생활지출 소계									
기타변동지출									
변동지출 계									

메모

이상한 가계부

2주차 (일 ~   일)

구 분		월( )	화( )	수( )	목( )	금( )	토( )	일( )	주 계
가족 생활 지출	식품비								
	외식비								
	의복비								
	전화통신비								
	차량유지비								
	대중교통비								
	여가활동비								
	자녀양육비								
	부모님 용돈								
	자녀 용돈								
	기타								
가족생활지출 소계									
사회 생활 지출	식비								
	용돈								
	회식 모임								
	경조사비								
	기타								
사회생활지출 소계									
기타변동지출									
변동지출 계									

메모

3주차 (일 ~   일)

(단위 : 원)

구 분		월( )	화( )	수( )	목( )	금( )	토( )	일( )	주 계
가족 생활 지출	식품비								
	외식비								
	의복비								
	전화통신비								
	차량유지비								
	대중교통비								
	여가활동비								
	자녀양육비								
	부모님 용돈								
	자녀 용돈								
	기타								
가족생활지출 소계									
사회 생활 지출	식비								
	용돈								
	회식 모임								
	경조사비								
	기타								
사회생활지출 소계									
기타변동지출									
변동지출 계									

메모

4주차 (일 ~   일)

(단위 : 원)

구 분		월( )	화( )	수( )	목( )	금( )	토( )	일( )	주 계
가족 생활 지출	식품비								
	외식비								
	의복비								
	전화통신비								
	차량유지비								
	대중교통비								
	여가활동비								
	자녀양육비								
	부모님 용돈								
	자녀 용돈								
	기타								
가족생활지출 소계									
사회 생활 지출	식비								
	용돈								
	회식 모임								
	경조사비								
	기타								
사회생활지출 소계									
기타변동지출									
변동지출 계									

메모

5주차 (　일 ～　일)

(단위 : 원)

구 분		월( )	화( )	수( )	목( )	금( )	토( )	일( )	주 계
가족 생활 지출	식품비								
	외식비								
	의복비								
	전화통신비								
	차량유지비								
	대중교통비								
	여가활동비								
	자녀양육비								
	부모님 용돈								
	자녀 용돈								
	기타								
가족생활지출 소계									
사회 생활 지출	식비								
	용돈								
	회식 모임								
	경조사비								
	기타								
사회생활지출 소계									
기타변동지출									
변동지출 계									

메모

5) 이벤트성 지출

구 분	지출 금액	연간 예산	차액	비고
재산세				
주민세				
자동차세				
자동차보험료				
설명절비용				
추석명절비용				
휴가비용				
기타 이벤트 비용				
합계				

메모

분기 결산(년   월 ~   월)

한 분기 동안의 결과를 반드시 결산해본 다음 스스로 평가하고 더 합리적으로 예산을 조정해보라. 특히 차액이 큰 항목에 대해서는 원인을 파악하고 현실적인 예산을 다시 세워라.

1) 수입(세 후 수입 기준)

(단위 : 원)

구분	예산	( )월	( )월	( )월	분기 계	차액
본인소득						
배우자소득						
임대소득						
이자, 배당소득						
연금, 기타소득						
수입 합계						

메모

2) 저축 및 투자

(단위 : 원)

구 분		예산	( )월	( )월	( )월	분기 계	차액
정기적 투자	채권형						
	주식형						
	파생상품형						
	기타						
정기적 투자 소계							
비정기적 투자	채권형						
	주식형						
	파생상품형						
	기타						
비정기적 투자 소계							
투자 합계							

메모

3) 고정지출

구 분		예산	( )월	( )월	( )월	분기 계	차액
부채 상환	단기부채상환						
	장기부채상환						
	기타 부채상환						
부채상환비용 소계							
주거 관련 지출	임차료 (월세 등)						
	주택관리비						
	주거관련비용						
	통신비 (TV,인터넷)						
주거관련지출 소계							
자녀 관련 지출	교육비						
	자녀양육비						
	기타						
자녀관련지출 소계							
보험료	보장성보험료						
	기타보험료						
보험료 소계							
기타 고정지출							
고정지출 계							

메모

4) 변동지출

구 분		예산	( )월	( )월	( )월	분기 계	차액
가족 생활 지출	식품비						
	외식비						
	의복비						
	전화통신비						
	차량유지비						
	대중교통비						
	여가활동비						
	자녀양육비						
	부모님 용돈						
	자녀 용돈						
	기타						
가족생활지출 소계							
사회 생활 지출	식비						
	용돈						
	회식 기타 모임						
	경조사비						
	기타						
사회생활지출 소계							
기타변동지출							
변동지출 계							

메모

5) 이벤트성 지출

(단위 : 천원)

구 분	연간예산	( )월	( )월	( )월	분기 계	차액
재산세						
주민세						
자동차세						
자동차보험료						
설명절비용						
추석명절비용						
휴가비용						
기타 이벤트 비용						
합계						

메모

(   )개월 경과 후의 재무상태표

    본 재무상태표는 재정관리를 시작하여 (   )개월 경과 한 후의 재무상태표입니다. 처음 작성한 재무상태표와 비교함으로써 어떤 변화가 있었는지 확인할 수 있습니다. 또한 당초 계획을 점검함으로써 재무목표 달성을 위한 향후 실행계획의 조정 여부를 결정하는 근거자료로 활용할 수 있습니다.

자산				부채/순자산			
항목	시작	현재	증감	항목	시작	현재	증감
유동자산				**단기부채**			
보통예금				마이너스통장			
CMA/MMF				카드론			
기타 유동자산				기타 단기대출			
채권형자산				**중장기부채**			
예금/적금				신용대출			
채권(국공채/회사채)				담보대출			
채권펀드				모기지대출			
기타 채권형자산				사업자대출			
주식형자산				**임대보증금**			
개별주식(직접투자)				개인채무			
주식형펀드				기타 장기채무			
기타 주식형							
파생형 자산							
파생상품				**총부채 합계**			
기타 파생상품				**순자산 합계**			
연금자산							
공적연금							
개인연금							
퇴직연금(퇴직금)							
기타 금융자산							
부동산자산							
주택							
토지							
건물							
기타자산 (자동차/보석)							
총자산 합계				**부채/순자산 합계**			

(　　)개월 경과 후의 현금흐름표

가계부 작성을 통해 일정기간 동안 현금의 유입과 유출을 관리하였습니다. 이제 어느 정도 재정관리에 체계가 잡혔을 것 입이다. 최근 한 달간의 현금흐름을 살펴보고 목표를 달성하는 과정을 다시 한 번 점검해봅시다. 그리고 스스로 평가해보세요.

(단위 : 만원)

유 입		유 출	
항 목	금 액	항 목	금 액
사업/근로소득 　본인 　배우자		**적립투자** 　채권형투자 　주식형투자 　부동산(실물) 　파생상품투자 　기타금융자산	
투자소득 　금융소득　이자 　　　　　　배당 　부동산　　임대 　연금소득　공적 　　　　　　퇴직 　　　　　　개인		**고정지출** 　부채상환금 　각종보험료 　기타고정지출	
기타소득 　일시재산소득 　상속/증여소득 　기타소득		**변동지출** 　생활비 　육아/교육비 　교통/통신비 　기부금	
		기타지출	
미파악소득		미파악지출	
유입합계액		유출합계액	

평가

이 상 한 가 계 부

진행 프로그램 안내

복잡하고 어려운 재정문제를 쉽고 재미있게 배울 수 있습니다.

어린이로부터 어른에 이르기까지 재정에 관한 올바른 가치관과 습관을 키

워주는 프로그램을 운영합니다.

프로그램	시간	대상	내용
내가 선택하고 내가 책임져요 **어린이경제교실**	1시간 x 4회	초4~6학년	용돈교육을 통한 경제와 리더십 개발
돈 궁합을 맞춰라 **예비부부 재정교실**	1시간 x 4회	예비 부부	신혼 때부터의 재정관리가 평생 가정경제를 좌우한다. 행복하고 건강한 재정계획 세우고 실천하기
소중한 것을 먼저 하는 **이상한 가계부교실**	2시간 x 6회	일반인	기록만 하는 가계부는 버려라. 이상한 가계부를 통하여 소중한 것을 먼저 하는 재정관리
하나님의 재정원리 **크라운 성경적 재정교육**	주2시간 x 10주	청소년 대학생 일반인	하나님의 청지기를 꿈꾸는 그리스도인을 위한 재정 설계 성경이 제시하는 재정적 자유 함에 이르는 길

프로그램 진행에 대한 문의는 chirisanman@hanmail.net이나 017-334-0212, 010-7104-0212번으로 해
주세요.

이상한 가계부 교실

문의 : 제주 운영자 최선희 010-5739-8585
       광주 운영자 이상호 010-2625-7562

이상한 가계부 교실은 교재와 메뉴얼을 활용한 워크샵 과정입니다.

이
상
한

가
계
부

나를 바꾸는 행복한 재정습관

이상한 가계부

....

초판 1쇄 인쇄	2012년 2월 20일
초판 1쇄 발행	2012년 2월 28일

지 은 이	정동훈 · 이상호
발 행 인	방은순
펴 낸 곳	도서출판 프로방스
북디자인	Design Didot
마 케 팅	최관호

ADD	경기도 고양시 일산동구 백석2동 1330번지
	브라운스톤 102동 913호
TEL	031-925-5366, 5367
FAX	031-925-5368
E - mail	Provence70@naver.com
등록번호	제313-제10-1975호
등 록	2009년 6월 9일
I S B N	978-89-89239-64-2 03320

값	15,000원

파본은 구입처나 본사에서 교환해드립니다.